POÈMES

DE

WALT WHITMAN

Version française de Léon BAZALGETTE

Avec un Portrait

Éditions de l'Effort Libre

F. RIEDER & Cie, Éditeurs
101, Rue de Vaugirard, PARIS

MCMXIV

NOTE DU TRADUCTEUR

Parmi les papiers laissés par le poète se trouve cette note de sa main : « Introduire dans quelque poème un passage à l'effet de dénoncer et de menacer qui que ce soit qui, traduisant mes poèmes en une autre langue, ne traduira pas *chaque verset* et, cela, sans rien ajouter ni retrancher. »

C'est surtout aux faiseurs d'éditions expurgées — abhorrées par lui — que cette menace s'adressait. Mais alors même que nous comprendrions l'avis ci-dessus en sa plus large acception, la publication de morceaux choisis d'un livre que son auteur nous invite à considérer, non comme un simple recueil, mais comme un tout vivant dont l'intégrité lui importait « pour des raisons », semble néanmoins justifiée par d'autres raisons, sans que celles-ci soient nécessairement irréductibles à celles-là. La plus évidente de nos raisons est le désir de donner, sous un format de poche et à un prix très modique, un aperçu des Poèmes de Walt Whitman au public nombreux et précieux pour lequel les sept cents pages compactes de la version complète des *Feuilles d'herbe* (toute son œuvre poétique, c'est-à-dire la matière d'une dizaine de moyens volumes de vers) constituent un obstacle que ce public n'ose franchir sans savoir si l'effort en vaut la peine.

Toutefois, si cette publication nous paraît justifiée en principe, il est certain qu'elle ne le sera pleinement que dans la mesure où on la tiendra surtout pour une sorte d'introduction à la connaissance du livre entier, qui vaut bien davantage que n'importe laquelle, ou la somme même, de ses parties. Celui qui ignore Walt Whitman trouvera ici assez de substance pour avoir un avant-goût de sa personnalité et de son art. D'autre part, le lecteur qui ne trouvera en ce choix rien qui lui parle spécialement ne trouvera probablement guère davantage dans le livre complet.

Nous désirons aussi qu'il soit bien entendu que les « morceaux » qui suivent n'ont pas été « choisis », parce que supérieurs au reste, à notre avis. Notre sélection a d'abord été déterminée par des nécessités matérielles : désirant, en effet, ne donner que des pièces entières, les longs poèmes se trouvaient à peu près exclus d'un aussi mince volume. Et, en choisissant parmi les autres, nous avons peut-être été guidés par une certaine préférence, non pour les plus beaux, mais pour les moins ardus, ceux qui ne déroutent pas le lecteur au premier contact et où il a accès de plain-pied, — comme plus efficacement préparatoires à la diffusion et à la compréhension d'une œuvre dont nombre de lecteurs jusqu'ici ont su admirer les proportions, la nouveauté, l'accent, mais dont trop peu encore ont senti toute la beauté profonde, l'intensité d'émotion et ce que nous serions tenté d'appeler la musique intérieure.

MON LEGS

A vous, qui que vous soyez, (en baignant de mon
    souffle cette feuille-ci, pour qu'elle lève — en la
    pressant un moment de mes mains vivantes ;
— Tenez ! sentez à mes poignets comme bat mon
    pouls ! comme le sang de mon cœur se gonfle et
    se contracte !)
Je vous lègue, en tout et pour tout, Moi-même, avec
    promesse de ne vous abandonner jamais,
En foi de quoi je signe mon nom,

(Deux Ruisseaux, Edition 1876.)

EN COMMENÇANT MES ÉTUDES

En commençant mes études le premier pas m'a plu si
    fort,
Le simple fait de la conscience, ces formes, la motilité,
Le moindre insecte ou animal, les sens, la vue, l'amour,
Le premier pas, dis-je, m'a frappé d'un tel respect et
    plu si fort,
Que je ne suis guère allé et n'ai guère eu envie d'aller
    plus loin,
Mais de m'arrêter à musarder tout le temps pour chan-
    ter cela en chants extasiés.

EN TOURNÉES A TRAVERS LES ÉTATS

En tournées à travers les Etats nous partons,
(Oui, à travers le monde, sous l'impulsion de ces
    chants,
Voguant d'ici vers toutes les terres, vers toutes les
    mers),
Nous qui sommes prêts à apprendre de tous, à ensei-
    gner tous et à aimer tous.

Nous avons observé les saisons qui se donnent et qui
    passent,
Et nous avons dit : Pourquoi un homme ou une femme
    ne ferait-il pas autant que les saisons, et ne s'épan-
    cherait-il pas aussi bien ?

Nous nous arrêtons un moment dans chaque ville et
    chaque bourg,
Nous traversons le Canada, le Nord-Est, l'ample vallée
    du Mississipi, et les Etats du Sud,
Nous abordons sur un pied d'égalité chacun des Etats,
Nous faisons l'épreuve de nous-mêmes et nous invi-
    tons les hommes et les femmes à entendre,
Nous nous disons à nous-mêmes : Souviens-toi, n'aie
    crainte, sois sincère, promulgue le corps et l'âme,
Demeure un moment et poursuis ton chemin, sois
    copieux, sobre, chaste, magnétique,
Et que ce que tu répands revienne ensuite comme les
    saisons reviennent,
Et puisses-tu être autant que les saisons.

J'ENTENDS CHANTER L'AMÉRIQUE

J'entends chanter l'Amérique, j'entends ses diverses
    chansons,
Celles des ouvriers, chacun chantant la sienne joyeuse
    et forte comme elle doit l'être,

Le charpentier qui chante la sienne en mesurant sa
    planche ou sa poutre,

Le maçon qui chante la sienne en se préparant au tra-
    vail ou en le quittant,

Le batelier qui chante ce qui est de sa partie dans son
    bateau, le marinier qui chante sur le pont du
    vapeur,

Le cordonnier qui chante assis sur son banc, le cha-
    pelier qui chante debout,

Le chant du bûcheron, celui du garçon de ferme en
    route dans le matin, ou au repos de midi ou à la
    tombée du jour,

Le délicieux chant de la mère, ou de la jeune femme
    à son ouvrage, ou de la jeune fille qui coud ou qui
    lave,

Chacun chantant ce qui lui est propre à lui ou à elle
    et à nul autre,

Le jour, ce qui appartient au jour — le soir, un groupe
    de jeunes gars, robustes, cordiaux,

Qui chantent à pleine voix leurs mélodieuses et mâles
    chansons.

NE ME FERMEZ PAS VOS PORTES

Ne me fermez pas vos portes, orgueilleuses biblio-
    thèques,

Car ce qui manquait sur tous vos rayons chargés, et
    dont on a pourtant le plus besoin, je l'apporte ;

Surgi de la guerre, j'ai fait un livre,
Les mots de mon livre ne sont rien, ce à quoi je veux
    en venir est tout,
Un livre à part, qui est sans lien avec les autres et
    n'est point perçu par l'intellect,
Mais vous, forces latentes qu'on tait, vous en péné-
    trerez toutes les pages.

UNE FEMME M'ATTEND

Une femme m'attend, elle contient tout, rien ne fait
    défaut,
Cependant tout ferait défaut si le sexe manquait, ou si
    manquait pour l'humecter l'homme qu'il faut.

Le sexe contient tout, les corps et les âmes,
Les intentions, les preuves, la pureté, la délicatesse,
    les résultats, les promulgations,
Les chants, les ordres, la santé, l'orgueil, le mystère de
    la maternité, le lait séminal,
Tous les espoirs, les bienfaits et les dons, toutes les
    passions, les tendresses, les beautés, tous les plai-
    sirs de la terre,
Tous les gouvernements, les juges, les dieux, les puis-
    sants de la terre,
Tout cela est contenu dans le sexe, en fait partie et le
    justifie.

Sans honte l'homme qui me plaît connaît et avoue la
    sensation délicieuse de son sexe,
Sans honte la femme qui me plaît connaît et avoue les
    délices du sien.

Dorénavant je m'écarterai des femmes insensibles,
J'irai demeurer avec celle qui m'attend, avec ces
    femmes qui ont le sang chaud et qui sont capables
    de me satisfaire,
Je vois que celles-là me comprennent et ne me
    repoussent pas,
Je vois qu'elles sont dignes de moi, je serai donc le
    robuste époux de ces femmes.

Elles ne sont pas d'un iota inférieures à moi,
Elles ont le visage tanné par les soleils rutilants et les
    vents qui soufflent,
Leur chair a l'antique souplesse et vigueur divine,
Elles savent nager, ramer, monter à cheval, lutter,
    tirer, courir, frapper, battre en retraite, s'avancer,
    résister et se défendre,
Elles sont extrêmes dans l'affirmation de leurs droits
    — elles sont calmes et claires, en pleine possession
    d'elles-mêmes.

Je vous attire contre moi, ô femmes,
Je ne puis vous laisser partir, je voudrais vous faire
    du bien,
Je suis fait pour vous, et vous êtes faites pour moi, et
    ce n'est pas de nous seuls qu'il s'agit, mais d'autres
    êtres,

Car, enveloppés en vous, dorment de plus grands héros
  et de plus grands bardes,
Qui refusent de s'éveiller au contact d'un autre homme
  que moi.

C'est moi qui viens, femmes, je m'ouvre un passage,
Je suis sévère, âpre, large, inflexible, mais je vous
  aime,
Je ne vous fais pas plus de mal qu'il n'est nécessaire
  pour vous,
Je verse la liqueur d'où sortiront des fils et des filles
  à la mesure de ces Etats, je pèse d'un muscle lent
  et rude,
Je me noue de toute ma force, je n'écoute aucune
  prière,
Je n'ose pas me retirer avant d'avoir déposé ce qui
  s'était depuis si longtemps accumulé en moi.

A travers vous je fais couler les ruisseaux emprisonnés
  de mon être,
J'enferme en vous un millier d'années du futur,
Je greffe sur vous les greffes de ce qu'il y a de plus
  cher pour moi et pour l'Amérique,
Les gouttes que je distille en vos corps feront germer
  des femmes impétueuses et athlétiques, des
  artistes, des musiciens et des chantres nouveaux,
Les enfants que je procrée de vous doivent procréer
  des enfants à leur tour,
Je prétendrai alors que des hommes et des femmes
  accomplis sortent de mes épanchements d'amour,

J'attendrai d'eux qu'ils s'entr'aiment avec d'autres,
     comme moi et vous nous nous entr'aimons main-
     tenant,
Je compterai sur les fruits qui naîtront de leurs ondées
     ruisselantes, comme je compte sur les fruits qui
     naîtront des ondées ruisselantes que je dispense
     en ce moment,
Je serai dans l'expectative des moissons d'amour qui
     lèveront des naissances, des vies, des morts, des
     immortalités qu'aujourd'hui je plante si amou-
     reusement.

SORTIE DE LA FOULE, OCÉAN QUI ROULE

.

Sortie de la foule, océan qui roule, une goutte s'est
     doucement approchée de moi,
Et m'a murmuré : *Je t'aime, je mourrai bientôt,*
J'ai accompli un long voyage uniquement pour te con-
     templer, te toucher,
Car je ne pourrais pas mourir avant de t'avoir une fois
     contemplé,
Et j'aurais eu peur de te perdre plus tard.

A présent que nous nous sommes rencontrés, que nous
     nous sommes regardés, nous pouvons être tran-
     quilles,
Retourne en paix à l'océan, ma bien-aimée,

Moi aussi je fais partie de cet océan, ma bien-aimée,
    nous ne sommes pas tellement séparés.
Regarde le grand globe terrestre, la cohésion de tout,
    comme tout cela est parfait !
Quant à moi et à toi, si la mer irrésistible doit nous
    séparer,
Et pour une heure nous emporter vers des points con-
    traires, elle ne peut cependant nous tenir à jamais
    éloignés l'un de l'autre ;
Ne sois pas impatiente — un petit moment — sache-le,
    je salue l'air, l'océan et la terre,
Chaque jour au coucher du soleil, pour ta chère vie,
    mon aimée.

COMBIEN DE TEMPS FUMES-NOUS TROMPÉS
NOUS DEUX

Combien de temps fûmes-nous trompés, nous deux !
Aujourd'hui métamorphosés, nous nous évadons
    promptement comme la Nature s'évade,
Nous sommes la Nature, longtemps nous avons été
    absents, mais à présent nous revenons,
Nous devenons plantes, troncs, feuillages, racines,
    écorce,
Nous sommes encastrés dans le sol, nous sommes
    rochers,
Nous sommes chênes, nous poussons côte à côte dans
    les clairières,

Nous broutons, nous sommes deux bêtes sauvages,
mêlées aux troupeaux, primesautières à l'égal des
autres,

Nous sommes deux poissons nageant de conserve dans
la mer,

Nous sommes ce que sont les fleurs de l'acacia, nous
laissons tomber des senteurs par les chemins, de
l'aube au crépuscule,

Nous sommes également l'ordure grossière des bêtes,
des plantes, des minéraux,

Nous sommes deux éperviers adonnés aux rapines,
nous planons dans l'air et regardons en bas,

Nous sommes deux soleils resplendissants, c'est nous
qui nous balançons arrondis et stellaires, nous
sommes tels que deux comètes,

Nous rôdons dans les bois, quadrupèdes armés de
griffes, nous bondissons sur notre proie,

Nous sommes deux nuages voyageant là-haut, les
matins et les soirs,

Nous sommes des mers qui se mêlent, nous sommes
deux de ces vagues joyeuses qui roulent l'une sur
l'autre et s'entr'inondent,

Nous sommes neige, pluie, froid, ténèbres, nous
sommes chaque produit et chaque influence du
globe,

Nous avons fait des tours et des tours, tous les deux,
avant de nous retrouver de nouveau chez nous,

Nous avons épuisé tout hormis la liberté, tout hormis
notre propre joie.

JE VOUS AI ENTENDUS, DOUX ET SOLENNELS CHANTS DE L'ORGUE

Je vous ai entendus, doux et solennels chants de
l'orgue, dimanche dernier comme je passais le
matin devant l'église,
Vents d'automne, j'ai entendu en traversant les bois
à la brune vos soupirs qui se prolongeaient là-haut
si désolés,
J'ai entendu à l'opéra chanter l'absolu ténor italien,
j'ai entendu chanter le soprano au milieu d'un
quartette ;
Cœur de mon aimée ! Toi aussi je t'ai entendu mur-
murer tout bas à travers l'un de ses poignets passé
autour de ma tête,
J'ai entendu cette nuit, lorsque tout était silencieux,
ton battement faire tinter des clochettes à mon
oreille.

POUR TOI, O DÉMOCRATIE

Oui, je ferai le continent indissoluble,
Je ferai la plus splendide race sur laquelle le soleil ait
brillé,
Je ferai de divines terres magnétiques,
Avec l'affection des camarades,
Avec l'affection pour toute la vie des camarades.

Je planterai le compagnonnage aussi serré que des
   arbres le long de tous les fleuves d'Amérique et
   des rivages des grands lacs et sur la surface entière
   des prairies,
Je rendrai inséparables les cités, leurs bras passés
   autour du cou l'une de l'autre,
Par l'affection des camarades,
Par la mâle affection des camarades.

Pour toi ces poèmes sortis de moi, ô Démocratie, pour
   te servir, ma femme !
Oui, pour toi, c'est pour toi que je module ces chants.

CHRONIQUEURS DES AGES FUTURS

Chroniqueurs des âges futurs,
Tenez, je veux vous faire pénétrer sous cette enveloppe
   impassible, je veux vous apprendre ce que vous
   devrez dire de moi :
Publiez mon nom et accrochez mon portrait comme
   celui de l'ami le plus tendre,
Portrait de l'ami, du cher camarade dont son ami, son
   cher camarade était le plus épris,
Qui n'était pas orgueilleux de ses chants, mais de
   l'immesurable océan d'amour qui refluait en
   dedans de lui, et l'épanchait sans compter,
Qui souvent se promenait en des chemins solitaires

en songeant à ses amis chers, à ses tendres compagnons,
Qui, tristement songeur loin de celui qu'il aimait,
passa souvent des nuits sans sommeil et cha-
grines,
Qui connut trop bien la mortelle, mortelle crainte que
celui qu'il aimait pût être secrètement indifférent
envers lui,
Dont les jours les plus heureux se passèrent très loin
à travers champs, dans les bois, sur les coteaux,
à errer avec un autre la main dans la main, tous
deux isolés des hommes,
Qui souvent flâna dans les rues, entourant de son bras
l'épaule d'un ami, et le bras de son ami également
appuyé sur la sienne.

VOUS NE TROUVEREZ ICI QUE DES RACINES

Vous ne trouverez ici que des racines et des feuilles
mêmes,
Des senteurs rapportées des bois sauvages et des étangs
aux hommes et aux femmes,
De la surelle excrue sur un sein et des œillets d'amour,
des doigts qui s'enroulent plus étroitement que la
vigne,
Des ramages jaillis de la gorge des oiseaux cachés dans
le feuillage, à l'heure où le soleil est levé,
Des brises de la terre et de l'amour soufflées des rivages

vivants vers vous portés sur la mer vivante, vers
vous, ô marins !
Des baies amollies par le gel et des ramilles de Mars
offertes toutes fraîches aux jeunes gens qui errent
dans la campagne au temps où l'hiver s'adoucit,
Des bourgeons d'amour mis devant vous et en dedans
de vous, qui que vous soyez,
Bourgeons qui s'ouvriront aux mêmes conditions que
toujours :
Si vous leur versez la chaleur du soleil ils s'ouvriront
pour vous verser forme, couleur et parfum,
Si vous devenez l'aliment et l'ondée, ils deviendront
des fleurs, des fruits, de hautes branches et des
arbres.

CITÉ D'ORGIES

Cité d'orgies, de balades et de joies,
Cité qui sera fameuse un jour parce qu'au cœur de toi
j'ai vécu et chanté,
Ce ne sont pas tes pompes, tes tableaux mouvants ni
tes spectacles qui me payent de retour,
Ni les rangées interminables de tes maisons, ni les
navires aux quais,
Ni les défilés dans les rues, ni les vitrines brillantes
remplies de marchándises,
Ni de converser avec des gens instruits, ni de prendre
part aux soirées et aux fêtes,

Non, pas cela, — mais lorsque je passe, ô Manhattan,
le fréquent et rapide éclair des yeux qui m'offrent
l'affection,
Qui répondent aux miens, — voilà ce qui me paye de
retour,
Seuls, des amis, un perpétuel cortège d'amis, me
payent de retour.

A UN ÉTRANGER

Etranger qui passes ! Tu ne sais pas avec quel désir
ardent je te regarde,
Tu dois être sûrement celui que je cherchais ou celle
que je cherchais (cela me revient comme le souvenir d'un rêve),
J'ai sûrement vécu une vie de joie quelque part avec
toi,
Tout s'évoque au moment où nous passons rapidement
l'un près de l'autre, fluides, affectueux, chastes,
mûrs,
Tu as grandi avec moi, tu as été un garçon ou une
fillette avec moi,
J'ai mangé et j'ai dormi avec toi, ton corps a cessé
d'être uniquement ta chose et n'a pas permis au
mien d'être uniquement ma chose,
Et tu me donnes le plaisir de tes yeux, de ton visage,
de ta chair, lorsque nous nous croisons, et tu

prends en échange celui de ma barbe, de ma poitrine, de mes mains,
Je ne te parlerai pas, je penserai à toi quand je serai
seul ou quand je m'éveillerai seul la nuit,
J'attendrai, je ne doute pas que nous nous rencontre-
rons une autre fois,
Je prendrai garde à ne pas te perdre.

EN CE MOMENT OU JE SUIS SEUL

En ce moment où je suis seul, gros de pensées et de
désirs,
Il me semble qu'il y a d'autres hommes en d'autres
contrées pareillement gros de pensées et de désirs,
Il me semble qu'en promenant mes regards au loin je
puis les apercevoir en Allemagne, en Italie, en
France, en Espagne,
Ou là-bas loin, très loin, en Chine ou en Russie ou au
Japon, parlant d'autres dialectes,
Et il me semble que si je pouvais connaître ces
hommes-là, je m'attacherais à eux comme je le
suis aux hommes de mon pays,
Oh ! je sais que nous serions frères et amis,
Je sais que je serais heureux avec eux.

EN FENDANT DE LA MAIN L'HERBE DES PRAIRIES

En fendant de la main l'herbe des prairies et en res-
  pirant son odeur particulière,
Je lui demande des concordances spirituelles,
Je demande le plus copieux et le plus étroit compagnonnage entre les hommes,
Je demande que s'élèvent les brins d'herbe des mots,
  des actes, des individus,
Ceux du plein air, rudes, ensoleillés, frais, nourrissants,
Ceux qui vont leur chemin, le torse droit, qui
  s'avancent avec liberté et autorité, qui précèdent
  au lieu de suivre,
Ceux qu'anime une audace indomptable, ceux dont
  la chair est forte et pure, exempte de taches,
Ceux qui regardent nonchalamment en plein visage
  les Présidents et les gouverneurs, comme pour
  leur dire : *Qui êtes-vous ?*
Ceux que remplit une passion sortie de la terre, les
  simples, les sans-gêne, les insoumis,
Ceux de l'Amérique intérieure.

DÉBORDANT DE VIE A CETTE HEURE

Débordant de vie à cette heure, dense et visible,
Dans ma quarantième année, l'an quatre-vingt-trois de
ces Etats,
A quelqu'un qui vivra dans un siècle d'ici ou dans
n'importe quel nombre de siècles,
A vous qui n'êtes pas encore né, j'adresse ces chants,
m'efforçant de vous atteindre.

Quand vous lirez ceci, moi qui étais visible alors, serai
devenu invisible ;
Alors ce sera vous, dense et visible, qui vous rendrez
compte de mes poèmes, qui vous efforcerez de
m'atteindre,
Vous figurant combien vous seriez heureux si je pouvais être avec vous et devenir votre camarade ;
Qu'il en soit alors comme si j'étais avec vous. (Ne
soyez pas trop certain que je ne suis pas avec vous
à cette heure.)

SUR LE BAC DE BROOKLYN

I

Marée montante au-dessous de moi ! Je te vois face à
  face !
Nuages de l'ouest, soleil là-bas pour une demi-heure
  encore, je vous vois aussi face à face.

Foules d'hommes et de femmes vêtus de vos habits
  ordinaires, combien curieux vous êtes pour moi !
Ceux qui, par centaines et centaines, passent sur les
  bacs pour regagner leur logis sont plus curieux
  à mes yeux que vous ne le supposez,
Et vous qui passerez d'un rivage à l'autre dans des
  années d'ici, vous êtes davantage pour moi et
  davantage dans mes méditations que vous ne pour-
  riez le supposer.

2

Je songe à l'impalpable aliment que je reçois de toutes
  choses à chaque heure du jour,
Au plan simple, compact, solidement assemblé, le plan
  dont moi-même je suis 'séparé, dont chacun est
  séparé, tout en en faisant partie,
Aux similitudes du passé et à celles du futur,
Aux gloires enfilées comme des perles aux moindres

choses que je vois ou entends, lorsque je me promène dans la rue et que je traverse la Rivière,
Au courant qui si impétueusement se précipite et qui
nage avec moi bien loin,
Aux autres qui doivent me suivre, aux liens entre eux
et moi,
A la certitude qu'il en viendra d'autres, d'autres avec
leur vie, leur amour, d'autres qui verront et qui
entendront.

D'autres franchiront les portes du bac et traverseront
d'une rive à l'autre,
D'autres observeront la course du flot montant,
D'autres verront les vaisseaux de Manhattan au nord
et à l'ouest, et les hauteurs de Brooklyn au sud
et à l'est,
D'autres verront les îles grandes et petites,
Dans cinquante ans d'ici, d'autres les verront en faisant le passage, le soleil pour une demi-heure
encore là-bas,
Dans cent ans d'ici ou dans autant de siècles que ce
soit, d'autres les verront,
Jouiront du coucher du soleil, de l'afflux de la marée
montante, du reflux dévalant vers la mer.

3

Cela n'y fait rien, le temps ou le lieu — la distance n'y
fait rien,
Je suis avec vous, hommes et femmes d'une génération

ou d'autant de générations que ce soit après moi,

Tout comme vous, ce que vous ressentez lorsque vous
    contemplez la Rivière et le ciel, je l'ai ressenti,

Tout comme n'importe lequel d'entre vous fait partie
    d'une foule vivante, j'ai fait partie d'une foule,

Tout comme vous qui êtes rafraîchi par la joie de la
    Rivière et du flot clair, j'ai été rafraîchi,

Tout comme vous qui vous tenez debout appuyé contre
    la lisse et êtes cependant emporté avec le courant
    rapide, je me suis tenu à la même place et j'ai été
    cependant emporté,

Tout comme vous regardez les innombrables mâts des
    navires et les cheminées des vapeurs pressées
    comme des troncs, — j'ai regardé, moi aussi.

Moi aussi, maintes et maintes fois, j'ai traversé la
    Rivière jadis,

J'ai observé les mouettes en décembre, je les ai vues
    planer haut dans l'air sur leurs ailes immobiles
    en balançant leur corps,

J'ai vu comment le jaune étincelant éclairait des par-
    ties de leur corps et laissait le reste dans l'ombre
    opaque,

Je les ai vues décrire des cercles lents et s'éloigner
    graduellement vers le midi,

J'ai vu la réflexion dans l'eau du ciel d'été,

J'ai eu les yeux éblouis par la traînée scintillante des
    rayons,

J'ai regardé les beaux rais centrifuges de lumière
    autour de l'image de ma tête ensoleillée,

Contemplé la brume enveloppant les collines du côté
   du sud et du sud-ouest,
Contemplé les vapeurs qui s'envolaient en flocons
   teintés de violet,
Dirigé mes regards vers la baie inférieure pour obser-
   ver l'arrivée des vaisseaux,
Je les ai vus approcher, j'ai vu ce qui se faisait à bord
   de ceux qui passaient près de moi,
J'ai vu les voiles blanches des goélettes et des sloops,
   j'ai vu les navires à l'ancre,
Les matelots à l'œuvre dans les haubans ou à califour-
   chon sur les vergues,
Les mâts ronds, le balancement des coques, les minces
   flammes serpentines,
Les grands et les petits vapeurs en marche, les pilotes
   dans leur cabine,
Le sillage blanc laissé par leur passage, le tournoie-
   ment rapide et frémissant des aubes,
Les pavillons de toutes les nations, qu'on amène au
   coucher du soleil,
Les vagues dentelées dans le crépuscule, les calices qui
   se creusent, les gambades des crêtes et leur cha-
   toiement,
L'étendue au loin devenant de plus en plus sombre,
   les murs gris des entrepôts de granit aux docks,
Sur la Rivière un groupe formant tache d'ombre, le
   grand remorqueur flanqué de gabares collées à
   lui de chaque côté, le bateau à foin, l'allège
   attardée,
Sur la rive voisine les flammes vomies par les che-

minées des fonderies brûlant hautes et coruscantes
dans la nuit,
Projetant leurs vacillements noirs contrastés de furieuses
lueurs rouges et jaunes sur le sommet des maisons et jusque dans les rues en crevasses.

4

Tout cela et bien d'autres spectacles ont été pour moi
la même chose qu'ils sont pour vous,
J'ai adoré ces villes, j'ai adoré la majestueuse et rapide
Rivière,
Les hommes et les femmes que je voyais ont tous été
proches de moi,
Les autres de même — les autres qui tournent leurs
regards en arrière vers moi parce que j'ai regardé
en avant vers eux,
(Le temps viendra, quoique je m'arrête ici aujourd'hui
et ce soir.)

5

Qu'y a-t-il donc entre nous ?
Quel est le compte des vingtaines ou des centaines
d'années qui entre nous s'étendent

Quel qu'il soit, cela ne fait rien — la distance ne fait
rien et le lieu ne fait rien,

Moi aussi j'ai vécu et Brooklyn aux amples collines a
    été mien,
Moi aussi je me suis promené dans les rues de l'île
    Manhattan, et baigné dans les eaux qui l'entourent,
Moi aussi j'ai senti s'agiter en moi de brusques,
    d'étranges doutes,
Le jour parmi la foule des gens parfois ils m'ont
    assailli,
Quand je rentrais à pied chez moi tard dans la soirée
    ou quand j'étais couché dans mon lit, ils m'ont
    assailli,
Moi aussi j'étais un fragment solidifié de cette fonte
    éternellement en fusion qu'est le flot mouvant des
    choses,
Moi aussi j'avais reçu l'identité par mon corps,
Ce que j'étais, j'ai su que je l'étais par mon corps, et
    ce que je serais, j'ai su que je le serais par mon
    corps.

6

Ce n'est pas sur vous seuls que tombent les lambeaux
    d'ombre,
L'ombre a jeté ses lambeaux également sur moi,
Le meilleur de ce que j'avais fait me semblait alors
    vide et douteux,
Mes grandes pensées, que du moins je supposais telles,
    ne se prouvaient-elles pas mesquines en réalité ?
Et ce n'est pas vous seul qui savez ce que c'est que
    d'être mauvais,

Je suis celui qui a su ce que c'était que d'être mauvais,

Moi aussi j'ai noué l'antique nœud des contradictions,

J'ai bavardé, rougi de honte, conçu de l'irritation, menti, volé, porté de l'envie,

J'ai eu de la ruse, de la colère, de la concupiscence, des ardeurs de désir dont je n'osais pas parler,

J'ai été entêté, vain, avide, borné, sournois, lâche, méchant,

Le loup, le serpent, le pourceau n'étaient pas absents de moi,

Le regard fourbe, le mot léger, le désir adultère ne manquaient pas non plus,

Refus, haines, atermoiements, bassesse, fainéantise, rien de tout cela n'était absent,

J'ai été comme les autres, me suis mêlé aux jours et aux fortunes des autres,

J'ai été appelé par mon plus petit nom par des jeunes gens aux voix claires et fortes, lorsqu'ils me voyaient approcher ou passer,

J'ai senti le contact de leurs bras autour de mon cou quand j'étais debout ou de leur chair négligemment appuyée contre moi quand j'étais assis,

J'ai vu nombre de gens que j'aimais dans la rue, sur le bac ou dans la réunion publique, et cependant ne leur ai jamais adressé la parole,

J'ai vécu la même vie que les autres, la même éternelle vie de rire, de grignotage et de sommeil,

J'ai joué le rôle qui marque toujours sur l'acteur ou l'actrice,

Le même vieux rôle, le rôle qui est ce que nous le faisons, aussi grand que nous le voulons,

Ou aussi petit que nous le voulons, ou tout à la fois
grand et petit.

7

Je viens plus près de vous encore,

Quoi que vous pensiez de moi, en ce moment, je l'ai
également pensé de vous, j'ai amassé mes provi-
sions d'avance,

J'ai réfléchi longtemps et sérieusement à vous avant
que vous ne veniez au monde.

Qui pouvait savoir ce qui devait me toucher ?

Qui sait si en ce moment même je ne jouis pas de tout
cela ?

Qui sait si, en dépit de toute la distance, je ne suis pas
maintenant comme si je vous regardais, malgré
que vous ne puissiez me voir ?

8

Ah ! qu'est-ce qui pourrait jamais être plus imposant
et plus admirable pour moi que Manhattan à la
ceinture de mâts ?

Que la Rivière, le soleil couchant et les vagues dentelées
de la marée montante ?

Que les mouettes balançant leur corps, le bateau à foin
dans le crépuscule, et l'allège attardée ?

Quels dieux peuvent dépasser ceux-là qui m'étreignent
   la main et qui, d'une voix que j'adore, s'em-
   pressent de m'appeler tout haut par mon plus petit
   nom lorsque j'approche ?
Quoi de plus subtil que cela qui m'attache à la femme
   ou à l'homme qui me regarde au visage ?
Que cela qui me transfuse en vous à cette minute et
   verse en votre être mon intention ?

Alors nous nous comprenons, n'est-ce pas ?
Ce que je vous ai promis sans le nommer, ne l'avez-
   vous pas accepté ?
Ce que l'étude ne pourrait enseigner — ce que le
   prêche ne pourrait accomplir, est donc accompli,
   n'est-ce pas ?

9

Coule toujours, Rivière ! Monte avec le flux et dévale
   avec le reflux !
Gambadez encore, vagues, avec vos dentelures et vos
   crêtes !
Glorieux nuages du couchant ! Inondez-moi de votre
   splendeur, moi ou les hommes et les femmes de
   générations après moi !
Passez d'une rive à l'autre, foules innombrables de
   passagers !
Dressez-vous, mâts élancés de Manhattan! Dressez-vous,
   collines admirables de Brooklyn !
Palpite, cerveau curieux et frustré ! Darde des ques-
   tions et des réponses !

Arrête-toi ici et partout, éternel flot des choses en
 fusion !

Rassasiez-vous, yeux aimants et assoiffés, dans les
 demeures, les rues ou les assemblées !

Retentissez, voix des jeunes hommes! Sonores et musi-
 cales, appelez-moi par mon plus petit nom !

Vis, vieille vie ! Joue le rôle qui marque sur l'acteur ou
 l'actrice !

Joue l'éternel rôle, le rôle qui est grand ou petit selon
 ce que nous le faisons !

Examinez, vous qui me lisez, s'il ne se peut pas que
 je sois en train de vous regarder par des voies
 inconnues ;

Sois solide, lisse qui surplombe la Rivière, pour sou-
 tenir ceux qui s'appuient nonchalamment et qui
 cependant sont emportés avec le courant rapide ;

Volez encore, oiseaux de mer ! Volez de côté ou tour-
 noyez en larges cercles hauts dans l'air ;

Reflète le ciel d'été, eau, et retiens-le fidèlement jusqu'à ce que tous les regards penchés vers toi aient
 eu le temps de te le prendre !

Divergez, beaux rais de lumière, de l'image de ma
 tête ou de la tête de quiconque, dans l'eau enso-
 leillée !

Avancez-vous encore, navires venus de la baie inférieure ! Passez et repassez, goélettes aux voiles
 blanches, sloops, allèges !

Flottez au vent, pavillons de toutes les nations ! Soyez
 amenés ponctuellement au coucher du soleil !

Lancez haut vos flammes, cheminées des fonderies !

Projetez vos lueurs jaunes et rouges sur le faîte
des maisons !

Apparences, maintenant aussi bien que désormais,
indiquez ce que vous êtes,

Et toi, membrane nécessaire, continue d'envelopper
l'âme,

Qu'à mon corps, pour ce qui est de moi, et qu'au vôtre,
pour ce qui est de vous, soient attachés nos plus
divins aromes,

Prospérez, villes — amenez vos marchandises, dérou-
lez vos spectacles, amples et suffisantes Rivières,

Epands-toi, chose qu'aucune autre peut-être ne dépasse
en spiritualité,

Conservez vos places, objets que nuls autres ne
dépassent en solidité.

Vous avez attendu, vous attendez toujours, vous autres,
ministres admirables et muets,

Nous vous recevons enfin dans un libre sentiment et
sommes désormais insatiables,

Vous ne pourrez plus nous frustrer ni vous dérober à
nous,

Nous vous employons et nous ne vous rejetons pas —
nous vous plantons en nous-mêmes pour y rester,

Nous ne vous sondons pas — nous vous chérissons —
il y a de la perfection en vous aussi,

Vous apportez votre contribution en vue de l'éternité,

Grande ou petite, vous apportez votre contribution en
vue de l'âme.

UN CHANT DE JOIES

Oh faire le chant le plus gonflé d'allégresse !
Rempli de musique — rempli de tout ce qui est
l'homme, la femme, l'enfant !
Rempli d'occupations communes — rempli de grains
et d'arbres.

Oh faire une place aux cris des animaux — Oh à la
promptitude et l'équilibre des poissons, si je pouvais !
Oh faire entrer dans un chant les gouttes de pluie qui
tombent !
Oh faire entrer le soleil et le mouvement des vagues
dans un chant !

O la joie de mon esprit — il s'est envolé de sa cage —
il fend l'espace comme l'éclair !
Il ne me suffit pas d'avoir à ma disposition ce globe
ou une certaine portion du temps,
Je veux avoir des milliers de globes et le temps tout
entier.

O les joies du mécanicien ! Etre emporté sur une locomotive !
Entendre le chuintement de la vapeur, le cri perçant
et joyeux, le sifflet, le rire de la locomotive !
Foncer avec un élan irrésistible et s'élancer à toute
vitesse dans les lointains.

3

O la flânerie enchanteresse par les champs et les
    coteaux !
Les feuilles et les fleurs des herbes les plus communes,
    le frais silence moite des bois,
L'odeur délicieuse de la terre à l'aurore et durant toute
    la matinée.

O les joies du cavalier et de l'écuyère !
Etre en selle, galoper ferme sur les arçons, sentir l'air
    frais en murmurant vous frapper les oreilles et
    les cheveux.

O les joies du pompier !
J'entends sonner l'alarme au fort de la nuit,
J'entends des cloches, des cris ! Je dépasse la foule, je
    me précipite !
La vue des flammes me rend fou de plaisir.

O la joie du lutteur aux muscles solides qui s'érige
    dans l'arène, parfaitement en forme, conscient de
    sa puissance, avide de se mesurer avec son adver-
    saire.

O la joie de cette vaste sympathie élémentaire que seule
    l'âme humaine est capable d'engendrer et d'émettre
    à flots ininterrompus et sans limites.

O les joies de la mère !
Les veilles, la patience, l'amour précieux, l'angoisse,
    l'existence calmement donnée.

O la joie de s'accroître, de pousser, de se rétablir,

La joie de calmer et de verser la paix, la joie de la con-
corde et de l'harmonie.

Oh retourner aux lieux où je suis né,
Pour entendre encore les oiseaux chanter,
Pour rôder encore autour de la maison et de l'étable,
pour courir encore par les champs,
Pour faire encore le tour du verger, pour suivre encore
les vieux chemins.

Oh avoir été élevé au bord des baies, des lagunes et des
criques, ou le long de la côte,
Continuer d'y être employé toute ma vie,
Les relents humides et salins, la grève, les herbes
marines découvertes à marée basse,
Les pêcheurs à l'œuvre, le pêcheur d'anguilles, et le
pêcheur de clams à l'œuvre ;
Je viens avec mon râteau et ma bêche pour les clams,
je viens avec ma fouine pour les anguilles,
La mer est-elle retirée ? Je me joins au groupe des
chercheurs de coquillages sur les plaines de sable,
Je ris et besogne avec eux, je plaisante à l'ouvrage
comme un jeune homme ardent ;
En hiver je prends mon panier à anguilles et ma
fouine et je me mets en route à pied sur la glace
— j'emporte une hachette pour tailler des trous
dans la glace,
Regardez-moi partir gaîment ou revenir dans l'après-
midi, chaudement vêtu, accompagné de ma bande
de gars endurcis,

Ma bande de grands gars et de gamins, qui n'aiment
    être avec nul autre autant qu'avec moi,
Le jour pour travailler avec moi, la nuit pour dormir
    avec moi.

Une autre fois, à la saison chaude, je pars en bateau
    pour lever les paniers à homards, immergés et
    retenus au fond par de larges pierres (je reconnais
    les flotteurs),
O les délices d'une matinée de mai sur l'eau où je
    rame juste avant l'aube dans la direction des flot-
    teurs,
Je lève les paniers d'osier en les tirant de biais, les
    homards vert foncé se débattent désespérément
    avec leurs pattes pointues lorsque je les retire,
    j'introduis des chevilles de bois dans l'ouverture
    de leurs pinces,
Je vais à toutes les places l'une après l'autre, et je rame
    ensuite vers le rivage,
Là dans une vaste marmite pleine d'eau bouillante les
    homards seront cuits jusqu'à ce qu'ils deviennent
    de nuance écarlate.

Une autre fois, j'attrape des maquereaux,
Voraces, ils se jettent comme des fous sur l'amorce, et
    se tenant près de la surface, ils semblent remplir
    l'eau sur des milles d'étendue ;
Une autre fois je pêche des bars rayés dans la baie de
    Chesapeake et je suis un des hommes du bord au
    visage hâlé ;

Une autre fois, pêchant à la traîne des temnodons sau-
    teurs au large de Paumanok, je suis debout le
    corps tendu,
Mon pied gauche est posé sur le plat-bord, de mon bras
    droit je lance très loin la mince corde enroulée,
Autour de moi sont en vue cinquante embarcations,
    mes compagnes, qui virent et s'éloignent rapi-
    dement.

Oh aller en bateau sur les fleuves,
La descente du Saint-Laurent, le superbe paysage, les
    vapeurs,
Les navires qui passent, les Mille Iles, les trains de
    bois rencontrés de temps à autre et les flotteurs
    avec leurs immenses rames,
Les petites cabanes sur leurs radeaux et le panache de
    fumée qui s'élève quand ils font cuire leur dîner,
    le soir.

(Oh donnez-moi quelque chose de pernicieux et de ter-
    rible !
Quelque chose qui soit bien loin d'une vie mesquine et
    dévote !
Quelque chose d'inéprouvé ! Quelque chose dans une
    extase !
Quelque chose qui se soit arraché du mouillage et qui
    flotte librement.)

Oh travailler dans les mines ou forger le fer,
Le coulage de la fonte, la fonderie elle-même, sa haute
    toiture grossière, le large espace abrité,

La fournaise, le liquide bouillant que l'on verse et qui
court.

Oh revivre les joies du soldat !
Sentir la présence d'un officier brave qui commande
— sentir sa sympathie !
Voir son calme — se réchauffer aux rayons de son sou-
rire !
Marcher à la bataille — entendre les clairons jouer et
les tambours battre !
Entendre le fracas de l'artillerie — voir les baïonnettes
et les canons de fusils étinceler au soleil !
Voir les hommes tomber et mourir sans se plaindre !
Connaître le goût sauvage du sang — être tel qu'un
démon !
Se repaître avidement des blessures et des morts de
l'ennemi.

O les joies du baleinier ! Oh voici que je refais ma
vieille croisière !
Je sens le mouvement du navire sous moi, je sens les
brises de l'Atlantique qui m'éventent,
J'entends de nouveau le cri jeté du haut du mât : *Elle
souffle là !*
De nouveau j'escalade les haubans pour regarder avec
les autres, nous descendons comme des fous,
Je saute dans l'embarcation qu'on a mise à la mer,
nous ramons vers le point où s'étale notre proie,
Nous approchons furtivement et en silence, je vois la

masse grosse comme une montagne, assoupie dans
une torpeur léthargique,

Je vois le harponneur debout, je vois l'arme partir
comme un trait de son bras robuste ;

Oh voici que rapide, très loin sur l'océan, la baleine
blessée, qui s'enfonce et nage du côté du vent, me
remorque de nouveau,

Je la vois de nouveau émerger pour respirer, nos rames
de nouveau nous rapprochent d'elle,

Je vois la lance qu'on lui plante au côté, qu'on enfonce,
qu'on retourne dans la plaie,

De nouveau nous nous éloignons en hâte, je la vois
qui replonge, rapidement la vie l'abandonne,

Elle jette du sang lorsqu'elle reparaît, je la vois nager
en cercles de plus en plus étroits et couper l'eau
vivement — je la vois qui meurt,

Elle fait un bond convulsif au centre du cercle, puis
retombe, allongée et immobile, dans l'écume rou-
gie de sang.

O ma vieillesse, de toutes ma plus noble joie !

Mes enfants et mes petits-enfants, ma barbe et mes
cheveux blancs,

Mon ampleur, mon calme, ma majesté, aboutisse-
ment de ma longue vie.

O la joie de la maturité féminine ! O ce bonheur
enfin !

J'ai plus de quatre-vingts ans, je suis la plus vénérable
des mères,

Comme mon cerveau est clair — comme tout le monde
  est attiré vers moi !

Quelle est cette force d'attraction supérieure à toutes
  celles auparavant éprouvées ? Quelle est cette fleur
  de vieillesse qui est davantage que la fleur de jeunesse ?

Quelle est donc cette beauté qui descend sur moi et
  s'élève de moi ?

O les joies de l'orateur !

Enfler sa poitrine, faire jaillir d'entre ses côtes et sa
  gorge le tonnerre roulant de la voix,

Faire s'enflammer de fureur, pleurer, haïr, désirer, le
  peuple avec vous-même,

Conduire l'Amérique — dompter l'Amérique de sa
  langue puissante.

O la joie de mon âme en équilibre sur elle-même, rece-
  vant l'identité par le canal des choses matérielles
  et les chérissant, observant les types et les absor-
  bant,

Mon âme, qui m'est retournée dans les vibrations qui
  vont d'eux à moi, par la vue, l'ouïe, le toucher,
  la raison, l'énonciation, la comparaison, la mé-
  moire et le reste ;

La vie réelle de mes sens et de ma chair dépasse mes
  sens et ma chair,

Mon corps ne veut plus entendre parler des matérialités, ni ma vue de mes yeux matériels,

En ce jour il m'est prouvé sans conteste que ce ne sont
  pas mes yeux matériels qui voient finalement,

Ni mon corps matériel qui, en fin de compte, aime,
marche, rit, crie, embrasse, procrée.

O les joies du paysan !
Les joies du paysan de l'Ohio, de l'Illinois, du Wiscon-
sin, du Canada, de l'Iowa, du Kansas, du Missouri,
de l'Oregon !
Se lever à la pointe du jour et se mettre lestement à
l'ouvrage,
Labourer la terre à l'automne pour semer les blés d'hiver,
Labourer la terre au printemps pour le maïs,
Soigner les vergers, greffer les arbres, cueillir les
pommes à l'automne.

Oh se baigner dans le bassin de natation ou dans un
bon endroit le long du rivage,
Eclabousser l'eau ! Marcher, enfoncé jusqu'à la che-
ville, ou courir nu le long de la plage.

Oh concevoir l'espace !
La surabondance de tout, qu'il n'y a pas de limites,
S'élever pour se mêler au firmament, au soleil, à la
lune et aux nuages fuyants, comme si l'on faisait
partie d'eux.

O la joie d'être soi virilement !
Ne ployer l'échine devant quiconque, n'avoir d'égard
pour personne, pour nul tyran connu ou inconnu,

Marcher avec un maintien très droit, d'un pas souple
  et élastique,
Regarder avec un calme regard ou d'un coup d'œil en
  éclair,
Parler d'une voix pleine et sonore sortant d'un large
  coffre,.
Confronter de votre personnalité toutes les autres per-
  sonnalités de la terre.

Connais-tu les joies admirables du jeune homme ?
La joie des compagnons chers et des paroles joyeuses
  et des faces rieuses ?
La joie du jour rayonnant de bonheur et de lumière,
  la joie des jeux où l'on respire largement ?
La joie de la musique ravissante, la joie de la salle de
  bal illuminée et des danseurs ?
La joie du dîner plantureux, du festoiement solide et
  des beuveries ?

Cependant, ô mon âme suprême !
Connais-tu les joies de la pensée et sa tristesse ardente?
Les joies du cœur libre et esseulé, du cœur tendre et
  assombri ?
Les joies de la promenade solitaire, l'esprit courbé et
  cependant fier, la souffrance et le combat ?
Les agonies de la lutte athlétique, les extases, les joies
  des solennelles méditations pendant les jours et
  les nuits ?
Les joies de la pensée de la Mort, des grandes sphères
  du Temps et de l'Espace ?

Les joies prophétiques en songeant à de meilleurs, à
de plus hauts idéals d'amour, à l'épouse divine,
au camarade pur, éternel et parfait ?
Joies qui t'appartiennent, ô toi l'impérissable, joies
dignes de toi, ô âme !

Oh tandis que j'existe, être celui qui commande à la
vie, non un esclave,
Affronter la vie en puissant conquérant,
Pas d'irritations, pas de spleen, plus de plaintes ni de
critiques dédaigneuses,   -
A ces hautaines lois de l'air, de l'eau et de la terre,
prouvant que mon âme intérieure est imprenable,
Et que rien de l'en-dehors n'aura jamais pouvoir sur
moi.

Et ce ne sont pas seulement les joies de la vie que je
chante en les dénombrant — mais la joie de la
mort !
Le toucher admirable de la Mort qui calme et engour-
dit quelques instants pour des raisons,
Je me débarrasse de mon corps excrémentiel qui sera
brûlé, réduit en poudre ou enterré,
Mon corps réel m'est indubitablement laissé pour
d'autres sphères,
Mon corps laissé vide n'est plus rien pour moi, il
retourne aux purifications, aux usages ultérieurs,
aux emplois éternels de la terre.

Oh attirer par quelque chose de plus que l'attractivité !

Comment cela se fait, je l'ignore, — mais voyez ! Ce
　　quelque chose qui n'obéit à rien d'autre,
Il est offensif, jamais défensif, — pourtant comme ma-
　　gnétiquement il attire.

·Oh lutter contre des supériorités écrasantes, affronter
　　les ennemis en indompté !
Etre absolument seul contre eux, pour mesurer combien
　　on peut supporter !
Regarder conflit, torture, prison, haine populaire face
　　à face,
Monter à l'échafaud, s'avancer vers le canon des fusils
　　avec une parfaite nonchalance !
Etre en vérité un Dieu !

Oh s'en aller en mer sur un navire !
Quitter cette terre ferme intolérable,
Quitter les rues, les trottoirs et les maisons et leur
　　assommante monotonie,
Te quitter, ô toi, terre immobile, et monter sur un
　　navire,
Pour voguer, voguer, voguer toujours !

O faire de sa vie désormais un poème de neuves joies !
Danser, battre des mains, exulter, crier, bondir, sauter,
　　se laisser rouler et flotter toujours,
Etre un marin du monde en partance pour tous les ports,
Etre le navire lui-même (voyez donc ces voiles que je
　　déploie dans le soleil et l'air),
Un navire rapide et gonflé, lourd de mots riches,
　　chargé de joies.

A VOUS

Qui que vous soyez, j'ai peur que vous ne suiviez le
  chemin des rêves,
J'ai peur que ces prétendues réalités ne soient destinées
  à fondre sous vos pieds et vos mains,
En ce moment même vos traits, vos joies, vos paroles,
  votre logis, votre emploi, vos mœurs, vos ennuis,
  vos folies, votre costume, vos crimes, se séparent
  de vous et se dissipent,
Votre âme et votre corps réels apparaissent devant moi,
Ils surgissent dégagés des affaires, du négoce, des boutiques, du travail, des fermes, des vêtements, de
  la maison, des achats et des ventes, du manger
  et du boire, de la souffrance et de la mort.

Qui que vous soyez, à présent je pose ma main sur
  vous afin que vous soyez mon poème,
Mes lèvres vous murmurent à l'oreille :
J'ai chéri bien des femmes et des hommes, mais je
  n'en chéris aucun plus que vous.

Oh j'ai été négligent, j'ai été muet,
J'aurais dû me diriger droit vers vous il y a longtemps
  déjà,
C'est de vous seul que j'aurais dû jaser, c'est vous seul
  que j'aurais dû chanter.

Je veux tout laisser pour venir faire les hymnes de
 vous,
Personne ne vous a compris, mais moi je vous comprends,
Personne ne vous a rendu justice, vous-même ne vous
 êtes pas rendu justice,
Personne qui ne vous ait trouvé imparfait, je suis le
 seul à ne trouver aucune imperfection en vous,
Personne qui n'ait voulu vous assujettir, je suis le
 seul qui ne consentira jamais à vous assujettir,
Moi seul je suis celui qui ne place au-dessus de vous ni
 maître, ni possesseur, ni supérieur, ni Dieu,
 au delà de ce qui est intrinsèquement en vous-
 même, dans l'attente.

Les peintres ont peint leurs groupes nombreux, et au
 milieu de tous le personnage central,
De la tête du personnage central ils ont fait rayonner
 un nimbe de lumière d'or,
Mais moi, qui peins des myriades de têtes, je n'en peins
 aucune qui n'ait son nimbe de lumière d'or,
De ma main, du cerveau de tout homme et de toute
 femme, elle se répand et ruisselle, éclatante, à
 jamais.

Oh je pourrais chanter de telles grandeurs et de telles
 gloires à votre sujet !
Vous n'avez pas su ce que vous étiez, vous avez sommeillé toute votre vie, replié sur vous-même,

C'est comme si vous aviez tenu fermées vos paupières
    la plupart du temps,
Ce que vous avez fait vous est déjà payé en dérisions,
(Votre épargne, votre savoir, vos prières, si ce n'est
    pas en moqueries qu'ils vous sont payés, qu'est-
    ce donc qu'ils vous rapportent ?)

Mais les dérisions ne sont pas vous-même,
En dessous et au fond d'elles, je vous vois secrètement
    dissimulé,
Je vous poursuis là où nul autre ne vous a poursuivi,
Si le silence, le bureau, la faconde banale, la nuit, la
    routine coutumière vous cachent aux yeux des
    autres et de vous-même, ils ne vous cachent pas
    aux miens,
Si une face rasée, un regard fuyant, un teint malsain
    trompent les autres, ils ne me trompent pas,
La tenue fringante, l'attitude difforme, l'ivrognerie,
    la goinfrerie, la mort prématurée, tout cela je
    l'arrache de vous.

Il n'y a pas un don chez l'homme ou la femme qui ne
    trouve en vous sa concordance,
Il n'y a pas de vertu, pas de beauté chez l'homme ou
    la femme qui n'existent aussi bien en vous,
Pas de courage, pas d'endurance chez les autres qui
    n'existent aussi bien en vous,
Pas de plaisir qui attende d'autres humains sans qu'un
    plaisir égal ne vous attende.

Quant à moi, je ne donne rien à personne à moins de
vous donner scrupuleusement la même chose à
vous,
Je ne chante les chants de la gloire de personne, pas
même de Dieu, de meilleur cœur que je ne chante
les chants de la gloire qui est vôtre.

Qui que vous soyez ! Réclamez votre part à tout hasard!
Ternes sont les spectacles qu'étalent l'Est et l'Ouest
comparés à vous,
Ces prés immenses, ces fleuves interminables, vous
êtes immense et interminable comme eux,
Ces fureurs, ces éléments, ces orages, ces mouvements
de la Nature, ces agonies qui semblent présager
la dissolution, vous êtes celui ou celle qui exerce
sur eux sa souveraineté,
Qui règne en propre sur la Nature, les éléments, la
souffrance, la passion, la dissolution.

De vos chevilles tombent les entraves, vous trouvez en
vous-même un pouvoir infaillible,
Vieux ou jeune, homme ou femme, grossier, vil, rejeté
par les autres, ce que vous êtes, qui que vous
soyez, se publie,
A travers la naissance, la vie, la mort, les funérailles,
les moyens sont à votre portée, rien ne vous est
mesuré chichement,
A travers les fureurs, les pertes, l'ambition, l'igno-
rance, le spleen, ce que vous êtes fait son chemin.

A LA FRÉGATE

Toi qui as sommeillé toute la nuit sur la tempête,
Qui t'éveilles rafraîchie, portée sur tes ailes prodi-
    gieuses,
(L'orage furieux a éclaté ? Tu t'es élevée au-dessus de
    lui,
Et tu t'es reposée sur le firmament, ton esclave qui t'a
    bercée),
Toi qui es maintenant un point bleu planant loin, loin
    dans le ciel,
Tandis que sur le pont du navire où je suis monté à
    la lumière, je t'observe,
(Moi-même qui ne suis qu'une petite tache, un point
    sur l'énorme masse flottante du monde.)

Loin, loin en mer,
Après que les furieuses vagues de la nuit ont parsemé
    le rivage d'épaves,
Avec le jour, à présent réapparu, si joyeux et serein,
L'aube rosée et moelleuse, le soleil dardant ses pre-
    miers rayons,
La limpide étendue de l'air azuré,
Toi aussi tu réapparais.

Toi qui es née pour t'égaler à la bourrasque, (tu es
    toutes ailes),
Pour tenir tête au ciel et à la terre, à la mer et à l'ou-
    ragan,

4

Toi, barque des airs, qui jamais ne ferles tes voiles,
Qui passes des jours, des semaines même, à voguer
    sans fatigue, tournant en cercles à travers les
    espaces, tes royaumes,
Qui regardes au crépuscule le Sénégal, au matin l'Amé-
    rique,
Qui te joues parmi les éclairs et les nuées grosses de
    foudre,
Au milieu d'eux, en tes aventures, si tu avais mon âme,
Quelles joies ! quelles joies seraient les tiennes !

AUX RICHES QUI DONNENT

Ce que vous me donnez je l'accepte de bon cœur,
Une modeste pitance, une cabane et un jardin, un peu
    d'argent, lorsque je rassemble mes poèmes,
Une chambre de voyageur et un déjeuner lorsque je
    voyage à travers les Etats — pourquoi rougirais-je
    de reconnaître ces dons ? pourquoi les quéman-
    der ?
Car je ne suis pas un homme qui n'offre rien aux
    hommes et aux femmes,
Car à chacun et à chacune je confère l'accès à tous les
    dons de l'univers.

CITÉ DES VAISSEAUX

Cité des vaisseaux !
(O les vaisseaux noirs ! O les vaisseaux farouches !
O les splendides vapeurs et voiliers à la proue effilée !)
Cité du monde ! (car ici confluent toutes les races,
Ici tous les pays de la terre collaborent) ;
Cité de la mer ! Cité des flux précipités et chatoyants !
Cité dont les flots joyeux accourent ou dévalent sans
   cesse, entrant et sortant en tourbillons semés de
   remous et d'écume !
Cité des quais de marchandises et des magasins — cité
   des façades géantes de marbre et de fer !
Cité fière et passionnée — cité fougueuse, folle, extra-
   vagante !
Debout, ô cité — tu n'es pas faite seulement pour la
   paix, mais sois vraiment toi-même, sois guer-
   rière !
N'aie pas peur — ne te soumets à nul autre modèle que
   les tiens, ô cité !
Regarde-moi — incarne-moi comme je t'ai incarnée !
Je n'ai rien rejeté de ce que tu m'as offert, — ceux que
   tu as adoptés je les ai adoptés,
Bonne ou mauvaise je ne te discute jamais — je chéris
   tout — je ne condamne rien,
Je chante et célèbre tout ce qui est tien — cependant
   je ne chante plus la paix :
En paix, j'ai chanté la paix, mais à présent le tam-
   bour de guerre est mon instrument,

Et la guerre, la guerre rouge, est le chant que je vais chantant par tes rues, ô cité !

L'ÉTRANGE VEILLÉE QU'UNE NUIT J'AI PASSÉE
SUR LE CHAMP DE BATAILLE

L'étrange veillée qu'une nuit j'ai passée sur le champ de bataille...

Lorsque toi, mon fils et mon camarade, tu tombas à mon côté, ce jour-là,

Je ne te jetai qu'un seul regard, auquel tes chers yeux répondirent d'un regard que je n'oublierai jamais,

Et la main que tu soulevas de terre où tu gisais, ô enfant, ne fit que toucher la mienne ;

Ensuite je m'élançai en avant dans la mêlée, où le combat se disputait avec des chances égales,

Jusqu'à ce que, relevé de mon poste tard dans la nuit, je pus enfin retourner vers l'endroit où tu étais tombé,

Et te trouvai si glacé dans la mort, camarade chéri, je trouvai ton corps, fils des baisers rendus, (jamais plus rendus sur cette terre),

J'exposai ton visage à la lueur des étoiles, — singulière était la scène, le vent nocturne passait frais et léger,

Et longtemps je demeurai là à te veiller, sur le champ

de bataille qui s'étendait autour de moi confusé-
ment ;

Veillée prodigieuse, veillée délicieuse, là, dans la nuit
muette et parfumée,

Mais pas une larme ne tomba de mes yeux, pas même
un soupir profond ne m'échappa, — longtemps,
longtemps, je te contemplai,

Puis, m'étendant à demi sur la terre, je me tins à ton
côté, le menton appuyé sur les mains,

Passant des heures suaves, des heures immortelles et
mystiques, avec toi, camarade chéri, — sans une
larme, sans un mot ;

Veillée de silence, de tendresse et de mort, veillée pour
toi, mon fils et mon soldat,

Pendant que là-haut les astres passaient en silence et
que vers l'est d'autres montaient insensiblement,

Veillée suprême pour toi, brave enfant, (je n'ai pu
te sauver, soudaine a été ta mort,

Vivant je t'ai aimé et entouré de ma sollicitude fidèlement, je crois que nous nous reverrons sûrement);

Et lorsque traînaient les dernières ombres de la nuit,
au moment précis où pointa l'aube,

J'enroulai mon camarade dans sa couverture, j'enve-
loppai bien son corps,

Je repliai bien la couverture, la bordai soigneusement
par-dessus la tête et soigneusement sous les pieds,

Et là, baigné dans le soleil levant, je déposai mon fils
dans sa tombe, dans sa tombe sommairement
creusée,

Terminant ainsi mon étrange veillée, ma veillée nocturne sur le champ de bataille enveloppé d'ombre,

Veillée pour mon enfant des baisers rendus, (jamais plus rendus sur cette terre),

Veillée pour mon camarade soudainement tué, veillée que je n'oublierai jamais, ni comment, lorsque le jour vint à luire,

Je me levai de la terre glacée et enroulai bien mon soldat dans sa couverture,

Et l'ensevelis là où il tomba.

LE PANSEUR DE PLAIES

I

Vieillard courbé, je viens, parmi de nouveaux visages,

Remonter le cours des ans et les faire revivre, en réponse aux enfants,

A ces jeunes gens et à ces fillettes qui m'aiment et que j'entends me dire : Raconte-nous, grand-père,

(Dans mon agitation et mon courroux, j'avais pensé battre l'alarme et pousser à une guerre sans merci,

Mais bientôt mes doigts ont défailli, mon visage s'est incliné et je me suis résigné

A m'asseoir au chevet des blessés pour leur verser du calme, ou à veiller en silence les morts) ;

Viens nous parler, à des années de distance, de ces scènes, de ces passions furieuses, de ces coups du sort,

De ces héros que nul n'a surpassés, (fut-on tellement
brave d'un côté ? de l'autre on le fut tout autant),
Apporte-nous aujourd'hui ton témoignage, dépeins les
plus puissantes armées de la terre,
Qu'as-tu vu de ces armées si rapides et si prodigieuses
pour nous le raconter ?
Quelle est la suprême, la plus profonde impression qui
demeure en toi ? Des paniques étranges,
Des rencontres si acharnées, ou des sièges formidables,
qu'est-ce qui reste en toi de plus profond ?

2

O fillettes et jeunes hommes que j'aime et qui m'aimez,
Des jours d'autrefois sur lesquels vous m'interrogez,
voici les plus étranges et soudains que vos paroles
me rappellent :
Soldat alerte, j'arrive, après une longue marche, cou-
vert de sueur et de poussière,
J'arrive à point nommé, je m'élance dans la mêlée, je
hurle dans la ruée d'une charge victorieuse,
Je pénètre dans les ouvrages conquis... Mais voyez
donc ! Telle une rivière au rapide cours, ces
jours-là s'évanouissent,
Ils passent, disparaissent, s'effacent — et je n'insiste
pas sur les périls ou les joies du soldat,
(Je me rappelle fort bien celles-ci comme ceux-là, —
multiples étaient les épreuves, rares les joies, pourtant j'étais heureux.)

Mais dans le silence, dans mes rêves projetant leurs
    visions,
Tandis que va le monde de gain, d'apparence et de
    gaieté,
Où tout sitôt passé est oublié, où les vagues balayent
    les empreintes sur le sable,
Je retourne là-bas, et les genoux fléchis je franchis les
    portes, (Alors, vous là-haut,
Qui que vous soyez, suivez-moi sans bruit et ayez le
    cœur solide.)

Portant les bandages, l'eau et l'éponge,
Diligemment je vais tout droit vers mes blessés,
Là où, rapportés après la bataille, ils gisent sur le sol
    étendus,
Là où leur sang précieux inestimablement rougit
    l'herbe et la terre,
Ou bien vers les lits alignés de la tente-ambulance ou
    sous le toit de l'hôpital ;
Je retourne vers les longues rangées de couchettes,
    allant et venant, d'un côté puis de l'autre,
Je m'approche de tous sans exception, l'un après
    l'autre, je n'en oublie aucun,
Un infirmier me suit tenant une cuvette, — il porte
    aussi un seau,
Qui sera bientôt rempli de loques poissées de caillots et
    de sang, puis vidé et rempli de nouveau.

Je vais toujours, je m'arrête,
Les genoux fléchis et la main sûre, à panser les plaies,

Je suis ferme avec chacun, aiguës sont les tortures,
mais inévitables,
L'un d'eux tourne vers moi ses yeux suppliants —
pauvre petit ! je ne te connais pas,
Pourtant je crois que je ne pourrais refuser en ce moment de mourir pour toi, si cela devait te sauver.

3

Je vais, je vais toujours (ouvrez-vous, portes du temps !
ouvrez-vous, portes de l'hôpital !)
Je panse une tête fracassée, (pauvre main affolée,
n'arrache pas le bandage),
J'examine le cou d'un cavalier qu'une balle a traversé
de part en part,
On entend le râle de sa respiration étranglée, ses yeux
sont déjà tout à fait vitreux, pourtant la vie résiste
âprement,
(Viens, douce mort ! laisse-toi persuader, ô mort magnifique !
Par pitié, viens vite.)

D'un moignon de bras à la main amputée,
Je défais la charpie où le sang s'est coagulé, j'enlève
une escarre, je lave le pus et le sang,
Le soldat est renversé sur son oreiller, la tête tournée
et retombée sur le côté,
Ses yeux sont clos, son visage pâle, il n'ose pas regar-
der le moignon sanglant,
Et il ne l'a pas encore regardé.

Je panse une blessure au côté, profonde, profonde,
Celui-ci n'en a plus que pour un jour ou deux, car
     voyez sa charpente affreusement décharnée qui
     se creuse,
Et voyez la nuance bleu-jaune de son teint.

Je panse une épaule perforée, un pied troué d'une balle,
Je nettoie celui-là que ronge et pourrit une gangrène
     qui soulève le cœur et répugne terriblement,
Cependant que l'infirmier se tient derrière moi, tenant
     la cuvette et le seau.

Je suis fidèle à ma tâche, je ne cède point,
Les cuisses et les genoux fracturés, les blessures à l'ab-
domen,
Toutes ces plaies et bien d'autres, je les panse d'une
     main impassible, (cependant au tréfonds de ma
     poitrine je sens comme un feu, une flamme qui
     me consume).

4

C'est ainsi que, dans le silence, dans mes rêves pro-
     jetant leurs visions,
Je retourne là-bas, je revis l'autrefois, je parcours les
     hôpitaux,
Je verse d'une main balsamique la paix aux meurtris
     et aux blessés,
Je reste auprès des insomnieux toute la sombre nuit,
     il en est de si jeunes,

Il en est qui souffrent tellement, j'évoque l'épreuve
    délicieuse et cruelle,
(Les bras aimants de maints soldats se sont noués
    autour de ce cou pour s'y appuyer,
Le baiser de maints soldats demeure sur ces lèvres bar-
    bues).

DONNEZ-MOI LE SPLENDIDE SOLEIL SILENCIEUX

I

Donnez-moi le splendide soleil silencieux dardant
    l'éblouissement total de ses rayons,
Donnez-moi le fruit juteux de l'automne cueilli mûr
    et rouge dans le verger,
Donnez-moi un champ où l'herbe croît luxuriante,
Donnez-moi un arbre, donnez-moi la vigne sur sa
    treille,
Donnez-moi le maïs et le blé nouveaux, donnez-moi
    les animaux qui se meuvent avec sérénité et
    enseignent le contentement,
Donnez-moi ces soirs de silence absolu qui s'épandent
    sur les hauts plateaux à l'ouest du Mississipi, où
    je puisse lever les yeux vers les étoiles,
Donnez-moi un jardin aux fleurs magnifiques, emplis-
    sant de parfums l'aurore, où je puisse me prome-
    ner tranquille,

Donnez-moi comme épouse une femme à l'haleine pure
    dont je ne me fatiguerai jamais,
Donnez-moi un enfant accompli, donnez-moi, très loin
    à l'écart des bruits du monde, une vie domestique
    et champêtre,
Donnez-moi de ramager pour mes seules oreilles, en
    mon isolement reclus, des chants spontanés,
Donnez-moi la solitude, donnez-moi la Nature, redonne-
    moi, ô Nature, tes saines primitivités !

Oui, je réclame tout cela, (las de surexcitation inces-
    sante et torturé par la lutte guerrière),
Je demande sans cesse que cela me soit accordé, cela
    jaillit de mon cœur en cris,
Et cependant, tout en le réclamant sans relâche, je
    reste attaché à ma ville,
Les jours se suivent et les années se suivent, ô ville, et
    je foule toujours tes rues,
Où tu me tiens enchaîné pour un certain temps, refu-
    sant de me laisser partir,
M'accordant néanmoins de quoi faire de moi un
    homme rassasié, d'âme enrichie, avec les visages
    qu'à jamais tu me donnes ;
(Oh je vois ce que je cherchais à fuir, je résiste à mes
    cris, je les refoule,
Je vois que mon âme foulait aux pieds ce qu'elle
    demandait.)

2

Gardez votre splendide soleil silencieux,

Garde tes forêts, ô Nature, et les endroits paisibles à
l'orée des bois,

Garde tes champs de trèfle et de phléole, tes champs
de maïs et tes vergers,

Garde le champ de sarrasin en fleurs où bourdonnent
les abeilles de septembre ;

Donnez-moi les visages et les rues — donnez-moi ces
fantômes qui défilent incessants et interminables
le long des trottoirs !

Donnez-moi les yeux innombrables — donnez-moi les
femmes — donnez-moi les camarades et les amis
par milliers !

Que j'en voie de nouveaux chaque jour — que j'en
tienne de nouveaux par la main chaque jour !

Donnez-moi des spectacles pareils — donnez-moi les
rues de Manhattan !

Donnez-moi Broadway, avec les soldats qui défilent —
donnez-moi la sonorité des trompettes et des tambours !

(Les soldats qui passent par compagnies ou par régi-
ments — les uns qui partent, enflammés et insou-
ciants,

D'autres, leur temps fini, qui reviennent en rangs
éclaircis, jeunes et pourtant très vieux, usés, mar-
chant sans faire attention à rien) ;

Donnez-moi les rivages et les quais, avec leur lourde
frange de noirs navires !

O que tout cela soit pour moi ! O la vie intense, pleine
à déborder et diverse !

La vie des théâtres, des cabarets, des hôtels énormes,
pour moi !

La buvette du bateau à vapeur ! La cohue des excur-
sionnistes pour moi ! La procession à la lueur des
torches !

La brigade aux rangs épais qui part pour la guerre,
suivie de fourgons militaires où s'entassent les
approvisionnements ;

Du monde à l'infini, s'écoulant comme un flot, avec
des voix fortes, des passions, des spectacles impo-
sants,

Les rues de Manhattan avec leur palpitation puissante,
avec des tambours qui battent comme à présent,

Le chœur perpétuel et bruyant, le glissement et le cli-
quetis des fusils, (la vue même des blessés),

Les houles de Manhattan, avec leur chœur turbulent
et musical !

Les visages et les yeux de Manhattan à jamais pour
moi.

O GARS DES PRAIRIES AU VISAGE TANNÉ

O gars des prairies au visage tanné,
Avant que tu n'arrives au camp, bien des présents y
    furent reçus et bien accueillis,
Des compliments, des cadeaux et de la nourriture for-
    tifiante, — et puis toi, enfin, parmi les recrues,
Tu es venu, taciturne, n'ayant rien à donner, — nous
    n'avons fait qu'échanger un regard,
Et dans ce regard, oh oui ! tu m'as donné plus que
    tous les présents du monde.

RÉCONCILIATION

Mot au-dessus de tous les mots, beau comme le firma-
    ment !
Il est beau que la guerre et tous ses actes de carnage
    doivent avec le temps être totalement abolis,
Que les mains des deux sœurs, la Mort et la Nuit, lavent
    et relavent toujours, incessantes et tendres, ce
    monde maculé ;
Car mon ennemi est mort, un homme divin comme
    moi-même est mort,
Je regarde l'endroit où il est étendu, immobile et le
    visage blanc, dans son cercueil — je m'approche,
Je me penche et effleure de mes lèvres le visage blanc
    dans le cercueil.

IL Y AVAIT UNE FOIS UN ENFANT QUI SORTAIT CHAQUE JOUR

Il y avait une fois un enfant qui sortait chaque jour,
Et au premier objet sur lequel se posaient ses regards,
    il devenait cet objet,
Et cet objet devenait une part de lui-même pour tout
    le jour ou une partie du jour,
Ou pour nombre d'années ou d'immenses cycles d'an-
    nées.

Les précoces lilas devinrent une part de cet enfant,
Et l'herbe et les volubilis blancs et rouges et le trèfle
    blanc et rouge, et le chant du moucherolle brun,
Et les agneaux de Mars et les petits rose pâle de la truie
    et le poulain de la jument et le veau de la vache,
Et la couvée caquetante de la basse-cour ou celle qui
    s'ébat dans la bourbe au bord de la mare,
Et les poissons qui se suspendent si curieusement sous
    l'eau et le superbe et curieux liquide,
Et les plantes aquatiques avec leurs gracieuses têtes
    aplaties, tout cela devint une part de lui-même.

Les pousses qui pointent dans les champs en Avril et
    en Mai devinrent une part de lui-même,
Les pousses des grains d'hiver, et celles du maïs jaune
    clair, et les racines comestibles du jardin,
Et les pommiers couverts de fleurs et de fruits ensuite,

et les baies sauvages et les herbes les plus communes le long des routes,

Et le vieil ivrogne qui rentrait chez lui en titubant, du
hangar de la taverne où il venait de se relever,

Et la maîtresse d'école qui passait pour se rendre à sa
classe,

Et les enfants qui passaient aussi, les uns amicaux, les
autres querelleurs,

Et les jouvencelles aux joues fraîches et à la mise soi-
gnée, et le négrillon et la négrillonne aux pieds
nus,

Et toutes les visions changeantes de la ville et de la
campagne, partout où il allait.

Ses parents, celui qui l'avait engendré et celle qui
l'avait conçu en son sein et mis au monde,

Donnèrent à cet enfant davantage d'eux-mêmes que
cela,

Chaque jour par la suite ils lui donnèrent, et ils
devinrent une part de lui-même.

La mère au logis qui posait calmement les plats sur la
table pour le souper,

La mère, avec sa voix douce, son bonnet et sa robe
d'une propreté exquise, la saine odeur que répan-
daient sa personne et ses vêtements quand elle passait près de vous,

Le père vigoureux, étroit, mâle, positif, coléreux,
injuste,

Le coup donné, les mots violents et soudains, les con-

ditions rigides posées par le père, les promesses
captieuses,

Les usages familiaux, la conversation, la compagnie,
les meubles, les aspirations d'un cœur gonflé,

L'affection qui ne veut pas être contredite, le sentiment
de ce qui est réel, la pensée que si cela après tout
était irréel,

Les doutes des jours et les doutes des nuits, les curio-
sités touchant le si et le comment,

Si ce qui apparaît d'une certaine façon est bien ainsi,
ou si tout cela n'est que lueurs fugitives et simples
petites taches ?

Les hommes et les femmes qui se pressent dans les
rues, que sont-ils, sinon des lueurs fugitives et de
simples petites taches ?

Les rues elles-mêmes et les façades des maisons et les
marchandises aux devantures,

Les voitures, les attelages, les quais aux solides
planches, la foule énorme de passagers aux bacs,

Le village sur la hauteur vu de loin au coucher du
soleil, la Rivière qui l'en sépare,

Les ombres, l'auréole et la brume, la lumière tombant
sur les toits bruns et les pignons blancs à une
lieue de là,

La goélette proche qui descend paresseuse en jusant,
le petit bateau qu'elle remorque mollement à son
arrière,

Les vagues qui se bousculent précipitées, leurs crêtes
à l'écroulement subit, leur claquement,

Les strates de nuages colorés, la longue barre de teinte

marron qui s'étend solitaire là-bas, la pureté de
l'étendue où elle repose immobile,
Le bord de l'horizon, le vol des goélands, l'odeur des
marais salants et du limon de la plage,
Tout cela devint une part de cet enfant qui sortait
chaque jour, et qui sort à présent et qui sortira à
jamais chaque jour.

LA MORGUE

Aux portes de la morgue en la cité,
Comme je flânais oisif cherchant à m'isoler du
tumulte,
Je m'arrête curieux — voyez donc! cette dépouille de
paria, une pauvre prostituée morte qu'on apporte,
On dépose là son cadavre que nul n'a réclamé, et il gît
sur le pavé de briques humide ;
La femme divine, son corps — je vois le corps — je
ne regarde que cela,
Cette demeure hier débordante de passion et de beauté,
je ne remarque rien autre chose,
Ni le silence si glacial, ni l'eau qui coule du robinet, ni
les odeurs cadavériques ne m'impressionnent,
Mais seule la demeure — cette prodigieuse demeure —
cette délicate et splendide demeure — cette ruine !
Cette immortelle demeure plus somptueuse que toutes
les rangées d'édifices qui furent jamais construits!

Ou que le Capitole au dôme blanc surmonté d'une
  majestueuse figure, ou que toutes les vieilles cathé-
  drales aux flèches altières,
Cette petite demeure à elle seule est plus que tout cela
  — pauvre demeure, demeure désespérée !
Belle et terrible épave — logement d'une âme — âme
  elle-même,
Maison que nul ne réclame, maison abandonnée —
  accepte un souffle de mes lèvres tremblantes,
Accepte une larme qui tombe pendant que je m'éloigne
  en pensant à toi,
Demeure d'amour défunte — demeure de folie et de
  crime, tombée en poussière, broyée,
Demeure de vie, naguère pleine de paroles et de rires
  — mais, hélas ! pauvre demeure, tu étais déjà
  morte en ce temps-là,
Depuis des mois, des années, tu étais une maison gar-
  nie, résonnante — mais morte, morte, morte.

CET ENGRAIS

I

Quelque chose m'épouvante aux lieux où je me croyais
  le plus en sûreté,
Je m'écarte des bois silencieux que j'adorais,

Je ne veux plus maintenant m'en aller errer par les
  · pâturages,
Je ne veux plus dépouiller mon corps de ses vêtements
    pour me rencontrer avec mon amante, la mer,
Je ne veux plus toucher de ma chair la terre, comme
    une autre chair qui me renouvelle.

O comment cela peut-il se faire que le sol lui-même
    ne soit pas écœuré ?
Comment pouvez-vous rester vivantes, pousses du
    printemps ?
Comment pouvez-vous donner la santé, sang des
    herbes, des racines, des vergers et des grains ?
Ne dépose-t-on pas en vous sans relâche des corps mal-
    sains ?
Tous les continents ne sont-ils pas en proie à la fermen-
    tation accumulée de ces morts aigris ?

Où t'es-tu débarrassée, ô terre, de ces cadavres ?
De ces ivrognes et de ces goinfres de tant de généra-
    tions ?
Où as-tu détourné tout ce liquide et toute cette carne
    ignobles ?
Je n'en vois aucune trace sur toi aujourd'hui, mais
    peut-être suis-je induit en erreur,
Je creuserai un sillon avec ma charrue, j'enfoncerai
    ma bêche dans la glèbe et la retournerai sens des-
    sus dessous,
Je suis sûr que je mettrai à découvert quelque quar-
    tier de cette viande putride.

2

Regardez cet engrais ! Regardez-le bien !
Chaque petit grain qui le compose a peut-être fait partie
    naguère d'un individu malade — cependant regar-
    dez !
L'herbe du printemps couvre les prairies,
Le haricot soulève et perce sans bruit le terreau du jar-
    din,
La tige délicate de l'oignon pointe en l'air,
Les bourgeons des pommiers se montrent en bouquets
    sur les branches,
Le blé resurgi dresse un visage pâle hors de ses tombes,
Sur le saule et sur le mûrier les teintes s'éveillent,
Les oiseaux chantent matin et soir autour des femelles
    blotties sur leur nid,
Les petites volailles se font jour à travers les œufs éclos,
Les jeunes des animaux naissent, le veau sort de la
    vache, le poulain de la jument,
Hors de sa petite butte lèvent les feuilles vert foncé de
    la pomme de terre,
Hors de son monticule lève la tige jaune du maïs, les
    lilas fleurissent au seuil des demeures,
Au-dessus de tous ces entassements de morts décom-
    posés la végétation de l'été se préserve innocente
    et dédaigneuse.

O cette chimie !
Cette chimie qui fait que les vents ne sont réellement
    pas pestilentiels,

Que cela n'est pas une tromperie, ces flots verts et
   transparents de la mer qui me poursuit si amou-
   reusement,
Que je peux sans danger lui permettre de lécher de ses
   langues tout mon corps nu,
Qu'elle ne me communiquera pas les fièvres qui se sont
   déposées en elle,
Que tout est à jamais pur,
Que l'eau froide du puits a si bon goût,
Que les mûres sont si parfumées et si juteuses,
Que les fruits du plant de pommiers et du plant d'oran-
   gers, que les melons, les raisins, les pêches, les
   prunes, que rien de tout cela ne m'empoisonnera,
Que lorsque je m'étends sur l'herbe je n'attrape aucun
   mal,
Bien que probablement chaque brin d'herbe sorte de
   ce qui fut naguère une maladie contagieuse.

A présent ce qui m'épouvante de la Terre, c'est son
   calme et sa patience,
C'est qu'elle fasse sortir d'une telle corruption tant de
   choses délectables,
Qu'elle tourne, inoffensive et immaculée, sur son axe,
   avec de tels amas sans fin de cadavres malsains,
Qu'elle distille, d'une telle puanteur répandue à travers
   elle, des brises aussi exquises,
Qu'elle renouvelle, avec ces airs de ne pas y penser,
   ses moissons annuelles, prodigues et somptueuses,
Qu'elle donne aux hommes d'aussi divines substances
   et qu'elle accepte d'eux de tels détritus à la fin.

A UN RÉVOLUTIONNAIRE D'EUROPE VAINCU

Courage malgré tout, mon frère ou ma sœur !
Va toujours — la Liberté exige qu'on la serve quoi
    qu'il arrive ;
Cela ne compte pas qui se laisse réduire par un ou
    deux échecs ou par un nombre indéfini d'échecs,
Ou par l'indifférence ou l'ingratitude du peuple, ou par
    n'importe quelle déloyauté,
Ou par les crocs montrés du pouvoir, les soldats, les
    canons, les codes pénals.

Ce en quoi nous croyons reste en attente invisible et
    perpétuelle à travers tous les continents,
N'invite personne, ne promet rien, sied dans le calme
    et la lumière, positif et maître de soi, ne connaît
    pas le découragement,
Attendant patiemment, attendant son heure.

(Ce ne sont pas seulement des chants de loyalisme que
    les miens,
Mais des chants d'insurrection également,
Car je suis le poète juré de tous les rebelles audacieux
    par le monde entier,
Et celui qui m'accompagne laisse la paix et la routine
    derrière lui,
Et sa vie est l'enjeu qu'il risque de perdre à tout mo-
    ment.)

La bataille fait rage, coupée de maintes alarmes reten-
tissantes, de marches en avant et de retraites fré-
quentes,
Le mécréant triomphe ou s'imagine triompher,
La prison, l'échafaud, le garrot, les menottes, le collier
de fer et les boules de plomb font leur œuvre,
Les héros connus ou anonymes passent en d'autres
sphères,
Les grands orateurs ou écrivains sont exilés, ils végètent
avec leur nostalgie en des terres lointaines,
La cause sommeille, les gorges les plus puissantes
sentent leur propre sang qui les étouffe,
Les jeunes hommes inclinent leurs paupières vers le
sol quand ils se rencontrent ;
Mais malgré tout cela la Liberté n'est pas sortie de la
place, ni le mécréant entré en pleine possession
de sa victoire.

Quand la Liberté sort d'une place, elle n'est pas la première à s'en aller, ni la seconde, ni la troisième,
Elle attend pour s'en aller que tous les autres le soient,
et sort la dernière.

Quand nul souvenir ne subsistera plus des héros et des
martyrs,
Et quand toute vie et toutes les âmes des hommes et
des femmes auront été rayées d'une quelconque
partie de la terre,
Alors seulement la liberté ou l'idée de liberté sera
rayée de cette partie de la terre,

Et le mécréant entrera en pleine possession de sa vic-
     toire.

Donc courage, révolté, révoltée d'Europe !
Car tu ne dois pas cesser avant que tout n'ait cessé.

Je ne sais pas quel est ton rôle, (j'ignore pourquoi je
     suis ici moi-même et pourquoi toute chose y est),
Mais je chercherai attentivement à le découvrir, même
     vaincu comme tu l'es aujourd'hui,
Dans la défaite, la pauvreté, la mécompréhension, l'em-
     prisonnement — car cela aussi est grand.

Nous pensions que la victoire était une grande chose ?
Elle l'est en effet — mais il me semble à présent, quand
     on ne peut l'empêcher, que la défaite est grande,
Et que la mort et l'atterrement sont grands.

DE DERRIÈRE CE MASQUE

(Pour faire face à un portrait)

I

De derrière ce masque incliné aux traits rudes,
Ces lumières et ces ombres, ce drame du tout,
Ce rideau commun du visage, contenu en moi pour
     moi-même, en vous pour vous-même, en chacun
     pour lui-même,

(Tragédies, douleurs, rires, larmes — ô cieux !
Les drames passionnés et débordants que cache ce
    rideau !)
Cette surface lisse et brillante comme le plus pur et le
    plus serein ciel de Dieu,
Cette pellicule recouvrant un gouffre satanique en ébul-
    lition,
Cette carte géographique du cœur, ce continent minus-
    cule et sans bornes, cet insondable océan ;
Du fond des circonvolutions de ce globe,
Cet orbe astronomique plus subtil que le soleil ou la
    lune, que Jupiter, Vénus ou Mars,
Cette condensation de l'univers, (bien plus, c'est ici le
    seul univers,
C'est ici l'idée, enveloppés tout entiers en cette mys-
    tique parcelle de chair) ;
Du fond de ces yeux burinés, — dardant vers vous son
    éclair pour passer de là aux temps futurs,
Pour s'élancer et tourner, furtif, à travers les espaces,
    — jailli de ces yeux-là,
A vous, qui que vous soyez, j'adresse un regard.

                    2

Voyageur ayant traversé les pensées et les ans, la paix
    et la guerre,
La jeunesse, depuis longtemps enfuie, et l'âge mûr
    qui décline,
(Tel le premier volume, lu et mis de côté, d'un roman,
    puis le second,

Chants, hypothèses, spéculations, qui tôt s'achèvera)
Tardant un moment ici, je me tourne pour vous faire
   face,
Comme sur une route ou par l'huis de quelque fissure
   fortuite ou par une fenêtre ouverte,
Je m'arrête, je m'incline et me découvre, je vous salue
   vous particulièrement,
Pour attirer votre âme et la nouer à la mienne insépa
   rablement, cette fois,
Et poursuivre ensuite mon voyage.

LA VOIX

I

Je chante la voix, la mesure, la concentration, la déter
   mination et le pouvoir divin de prononcer les
   mots ;
Etes-vous parvenu à vous faire des poumons solides e
   des lèvres souples, après de longs essais? Les avez
   vous obtenus tels à la suite d'un exercice vigou
   reux ? Les tenez-vous de votre constitution ?
Parcourez-vous ces larges régions avec autant de lar
   geur en vous-même qu'elles en ont ?
Etes-vous bien arrivé à posséder le pouvoir divin de
   prononcer les mots ?
Car ce n'est qu'à la fin, après beaucoup d'années, aprè:
   avoir connu la chasteté, l'amitié, la procréation
   la prudence et la nudité,

Après avoir foulé la terre et affronté fleuves et lacs,

Après avoir débarrassé sa gorge de ses entraves, après
    avoir absorbé les âges, les tempéraments, les
    races, après avoir connu le savoir, la liberté, les
    crimes,

Après avoir acquis une foi complète, après s'être cla-
    rifié et exalté, après avoir écarté les obstacles,

Après toutes ces expériences et bien davantage, qu'il
    est tout au plus possible que vienne à un homme
    ou à une femme le pouvoir divin de prononcer
    les mots ;

Mais alors vers cet homme ou cette femme tout se pré-
    cipite à flots — rien ne résiste, tout est là,

Armées, vaisseaux, antiquité, bibliothèques, peintures,
    machines, villes, haine, désespoir, amitié, douleur,
    vol, meurtre, aspiration, tout cela se forme en
    rangs serrés,

Tout cela sort selon que cet homme ou cette femme en
    a besoin, pour défiler docilement par sa bouche.

2

Oh qu'y a-t-il donc en moi qui me fait ainsi trembler
    en entendant des voix ?

Celui qui me parle d'une voix juste, je le suivrai sûre-
    ment quel qu'il soit,

Comme les flots de la mer suivent la lune, en silence,
    à pas fluides, n'importe où autour du globe.

Tout est en attente de voix justes ;

Où est l'organe exercé et parfait ? Où est l'âme déve-
loppée ?
Car je vois que tous les mots qui en sortent ont des
sons neufs, plus profonds et plus purs, qui
seraient impossibles à de moindres conditions.

Je vois des cerveaux et des lèvres qui restent fermés,
des tympans et des tempes que rien ne frappe,
Jusqu'à ce que s'élève la voix qui a la qualité de frapper
et d'ouvrir,
Jusqu'à ce que s'élève la voix qui a la qualité d'accou-
cher ce qui sommeille, toujours prêt à sortir, dans
tous les mots.

A CELUI QUI FUT CRUCIFIÉ

Mon esprit s'unit au tien, cher frère,
Ne t'inquiète pas de ce que beaucoup qui chantent les
louanges de ton nom ne te comprennent pas,
Car moi, qui ne chante pas les louanges de ton nom,
je te comprends,
C'est avec joie, ô mon camarade, que je te mentionne
spécialement pour te saluer et pour saluer ceux
qui furent avec toi, avant et depuis, et aussi ceux
qui viendront,
Afin que tous nous travaillions ensemble, — transmet-
tant la même charge et le même héritage,
Nous, le petit nombre des égaux, à qui importent peu
les pays et les temps,

Nous, qui embrassons tous les continents, toutes les
    castes, qui admettons toutes les théologies,
Nous, les compatissants, les discerneurs, nous la com-
    mune mesure des hommes,
Nous qui nous promenons en silence au milieu des dis-
    putes et des affirmations, mais qui ne rejetons pas
    les disputeurs ni rien de ce qu'on affirme,
Nous entendons leurs braillements et leur tumulte
    assourdissant, de toute part nous assaillent leurs
    divisions, leurs jalousies, leurs récriminations,
Ils forment autour de nous un cercle péremptoire pour
    nous enfermer, mon camarade,
Pourtant, rebelles aux emprises, nous parcourons libre-
    ment la terre entière, nous voyageons dans tous
    les sens jusqu'à ce que nous imprimions notre
    marque ineffaçable sur le temps et sur les âges
    divers,
Jusqu'à ce que nous saturions le temps et les âges, afin
    que les hommes et les femmes des races, des âges
    à venir, s'attestent frères et amis comme nous le
    sommes.

A UNE FILLE PUBLIQUE

Sois calme — sois à l'aise avec moi — je suis Walt
    Whitman, libéral et robuste comme la Nature,
Jusqu'à ce que le soleil te rejette, je ne te rejetterai
    pas,
Jusqu'à ce que les eaux refusent de luire et les feuilles

de frissonner pour toi, mes paroles ne refuseront
pas de luire et de frissonner pour toi.

Je te donne rendez-vous, ma fille, et je t'invite à faire
tes préparatifs pour être digne de moi lorsque
j'irai te trouver,
Et je t'invite à demeurer patiente et parfaite jusqu'à
ce que je vienne.

Jusque-là, je te salue d'un regard significatif pour que
tu ne m'oublies pas.

MIRACLES

Eh quoi, vous faites si grand cas d'un miracle ?
Je ne connais, quant à moi, rien autre que des mi-
racles,
Que je me promène dans les rues de Manhattan,
Ou darde ma vue par-dessus les toits des maisons vers
le ciel,
Ou marche le long de la plage, baignant mes pieds
nus dans la frange des vagues,
Ou me tienne sous les arbres dans les bois,
Ou cause le jour avec quelqu'un que j'aime ou dorme
la nuit avec une personne que j'aime,
Ou sois à table assis avec d'autres dîneurs,
Ou regarde les étrangers qui sont en face de moi dans
le tram,
Ou observe les abeilles s'activant un après-midi d'été
autour de la ruche,

Ou les animaux qui paissent dans les champs,
Ou les oiseaux, ou le prodige des insectes dans l'air,
Ou le prodige du soleil couchant ou des étoiles brillant
    d'un éclat si tranquille,
Ou l'exquis croissant, délicat et mince, de la nouvelle
    lune au printemps ;
Toutes ces choses et les autres, sans en excepter une
    seule, sont pour moi des miracles,
Chacune se rapportant au tout, sans cesser d'être dis-
    tincte et à sa place.

Pour moi chaque heure de la lumière et des ténèbres
    est un miracle,
Chaque centimètre cube de l'espace est un miracle,
Chaque mètre carré de la surface de la terre est parsemé
    de miracles,
Chaque pied de l'intérieur de la terre déborde de mi-
    racles.

Pour moi la mer est un perpétuel miracle,
Les poissons qui nagent — les rochers — le mouvement
    des vagues — les vaisseaux qui portent des
    hommes,
Où donc y a-t-il des miracles plus étranges ?

QUE SUIS-JE, APRÈS TOUT

Que suis-je, après tout, sinon un enfant, ravi du son
    de mon propre nom et me le répétant sans cesse ?

6

Je me tiens à l'écart pour écouter, — je ne m'en fatigue
    jamais.

Ainsi de votre nom pour vous ;
Pensiez-vous qu'il n'y avait rien autre chose que deux
    ou trois articulations dans le son de votre nom ?

COSMOS

Est un cosmos celui qui contient la diversité et qui est
    la Nature,
Celui qui est l'amplitude de la terre, et la rudesse, et
    la sexualité de la terre, et la grande charité de la
    terre, et son équilibre aussi,
Celui qui n'a pas regardé pour rien par les fenêtres de
    ses yeux, ou dont le cerveau n'a pas donné audience
    à ses messagers pour rien,
Celui qui contient les croyants et les incroyants, celui
    qui est le plus majestueux aimeur,
Celui ou celle qui renferme exactement sa proportion
    trinitaire de réalisme, de spiritualisme et d'élé-
    ment esthétique ou intellectuel,
Celui qui, ayant considéré le corps, trouve que tous
    ses organes et toutes ses parties sont bien,
Celui ou celle qui, à l'aide de la théorie de la terre et
    de celle de son corps, comprend par des analogies
    subtiles toutes les autres théories,

La théorie d'une ville, d'un poème et de la large politique de ces Etats ;
Celui qui croit non seulement en notre globe avec son
soleil et sa lune, mais en les autres globes avec
leurs soleils et leurs lunes,
Celui ou celle qui, en construisant sa demeure, non
pour un jour, mais pour tout le temps, voit les
races, les âges, les périodes, les générations,
Le passé, le futur qui y habitent, comme l'espace, insé-
parablement unis.

QUI VEUT APPRENDRE MA LEÇON ENTIÈRE ?

Qui veut apprendre ma leçon entière ?
Patron, ouvrier, apprenti, ecclésiastique et athée,
Idiot et penseur sage, parents et enfants, marchand,
commis, garçon et client,
Directeur, écrivain, artiste, écolier — approchez et
commencez ;
Ce n'est pas une leçon — elle abaisse les barrières pour
vous donner accès à une autre leçon,
Et de celle-ci à une autre, et de chacune à une autre
encore.

Les grandes lois acceptent et s'épanchent sans discus-
sion,
Je suis de la même sorte, car je suis leur ami,
Je les aime de pair à égal, je ne m'arrête pas à leur
tirer mes révérences.

Je reste absorbé et j'entends de splendides récits des
    choses et des raisons des choses,
Ils sont si splendides que je me pousse du coude pour
    les écouter.

Je ne puis confier à personne ce que j'entends — je ne
    puis me le confier à moi-même — c'est indicible-
    ment prodigieux.

Ce n'est pas une petite affaire que ce globe rond et
    délectable qui se meut si exactement dans son
    orbite toujours, toujours, sans un soubresaut et
    sans une erreur d'une seconde,
Je ne pense pas qu'il ait été fait en six jours, ni en dix
    mille ans, ni en dix billions d'années,
Ni qu'on en ait dessiné le plan et qu'on l'ait bâti, un
    étage après l'autre, comme un architecte dessine
    le plan d'une maison et la bâtit.

Je ne pense pas que soixante-dix ans soient l'existence
    d'un homme ou d'une femme,
Ni que soixante-dix millions d'années soient l'existence
    d'un homme ou d'une femme,
Ni que les années puissent jamais mettre un terme à
    mon existence ni à celle de quiconque.

Vous dites qu'il est prodigieux que je sois immortel ?
    Car tous nous sommes immortels ;
Je sais que cela est prodigieux, mais ma vue est égale-
    ment prodigieuse, et la façon dont j'ai été conçu
    dans le sein de ma mère est également prodigieuse,

Et de poupon que j'étais, en être venu, après un couple
  d'étés et d'hivers passés à ramper dans l'incons-
  cience, à pouvoir parler et marcher, tout cela est
  également prodigieux.

Et que mon âme vous étreigne en ce moment et que
  nous nous impressionnions l'un l'autre sans que
  nous nous soyons jamais vus, et sans que nous
  devions peut-être nous voir jamais, est en tous
  points aussi prodigieux.

Et que je puisse penser des pensées comme celles-ci
  est tout aussi prodigieux,
Et que je puisse vous les rappeler, que vous les pensiez et sachiez qu'elles sont vraies, est tout aussi
  prodigieux.

Et que la lune tourne autour de la terre et poursuive
  son cours avec la terre est également prodigieux,
Et qu'elles s'équilibrent avec le soleil et les astres est
  également prodigieux.

TOUJOURS CETTE MUSIQUE AUTOUR DE MOI

Toujours cette musique autour de moi, sans terme,
  sans commencement, et que pourtant je suis resté
  longtemps sans entendre, ignorant que j'étais,
Mais à présent que j'entends le choral, il me trans-
  porte ;

J'entends une voix de ténor, vigoureuse, qui monte
avec une puissance saine, avec des notes joyeuses
d'aube,

Une voix de soprano qui, par moments, plane légère
au-dessus des crêtes de vagues immenses,

Une voix de basse transparente, qui frissonne suave-
ment en dessous et parmi l'univers,

J'entends des chœurs triomphants, des lamentations
funèbres accompagnées par des flûtes et des vio-
lons délicieux, et de tout cela je m'emplis ;

Je n'entends pas seulement le volume des sons, je suis
remué par leurs précieuses significations,

Je prête l'oreille aux différentes voix qui viennent se
marier au chœur ou s'en détachent, qui s'efforcent,
qui luttent avec une ardeur véhémente pour se
surpasser l'une l'autre en émotion ;

Je ne crois pas que les musiciens se connaissent eux-
mêmes — mais je crois qu'à présent je commence
à les connaître.

OH TOUJOURS VIVRE ET TOUJOURS MOURIR

Oh toujours vivre et toujours mourir !

O ce qui est enterré de moi-même dans le passé et le
présent,

O ce moi, tandis qu'à grands pas je m'avance, matériel, visible, impérieux, autant que jamais ;

O ce moi, ce que je fus durant des années, aujourd'hui
mort, (je ne me lamente pas, je suis satisfait) ;

Oh me débarrasser de ces cadavres de moi-même, qu'en
  me retournant je considère, là-bas où je les ai
  jetés,
Continuer mon chemin (Oh vivre ! vivre toujours !) et
  laisser derrière moi les cadavres.

A QUELQU'UN QUI VA BIENTOT MOURIR

Entre tous les autres je vous distingue et j'ai pour vous
  un message :
Vous allez mourir — que d'autres vous disent ce qu'il
  leur plaît, moi je ne puis mentir,
Je suis strict et impitoyable, mais je vous chéris —
  vous n'en réchapperez pas.

Doucement sur vous je pose ma main droite, c'est à
  peine si vous la sentez,
Je ne raisonne pas, je courbe la tête profondément et
  l'enveloppe à moitié,
Je demeure en silence près de vous, je ne vous quitte
  pas un instant,
Je suis davantage qu'un garde-malade, davantage
  qu'un parent ou un voisin,
Je vous absous de tout, hormis de votre moi spirituel-
  corporel, c'est-à-dire éternel, votre moi réchappera
  sûrement,
Le cadavre que vous quitterez ne sera qu'une dépouille
  excrémentielle.

Le soleil perce en d'imprévues directions,
Des pensées fortes vous emplissent et de la confiance,
    vous souriez,
Vous oubliez que vous êtes malade, comme j'oublie
    que vous êtes malade,
Vous ne voyez pas les remèdes, vous ne faites pas atten-
    tion à vos amis qui pleurent, je suis avec vous,
J'éloigne les autres de votre présence, il n'y a rien là
    dont on doive s'apitoyer,
Je ne m'apitoie pas, je vous félicite.

L'INVOCATION SUPRÊME

A la fin, tendrement,
Au travers des murs de la puissante maison fortifiée,
Eludant les verrous hermétiquement joints, la protec-
    tion des portes solidement closes,
Que je sois emporté comme un souffle.

Que je sorte en glissant sans bruit ;
Avec la clef de la douceur ouvre les serrures — avec
    un murmure,
Ouvre les portes toutes grandes, ô âme.

Tendrement — ne sois pas impatiente,
(Forte est ton emprise, ô chair mortelle,
Forte est ton emprise, ô amour.)

TOI, GLOBE LA-HAUT

Toi, globe là-haut dans ton éblouissement total ! Toi,
  midi brûlant d'octobre !
Qui inondes de lumière éclatante le sable gris de la
  plage,
La mer proche au sifflement rauque avec ses perspectives lointaines et son écume,
Et ses traînées fauves et ses ombres et son immensité
  bleue ;
O soleil resplendissant de midi ! A toi j'adresse un mot
  spécial.

Ecoute-moi, souverain !
C'est ton amant qui te parle, car toujours je t'ai adoré,
Même poupon je me chauffais à tes rayons, plus tard,
  heureux gamin, seul à l'orée d'un bois, tes rayons
  qui de loin me touchaient suffisaient à mon
  bonheur,
Et jeune ou vieux ou homme mûri, tu as été pour moi
  tel qu'en ce jour où je darde vers toi mon invo-
  cation.

(Tu ne peux me tromper par ton silence,
Je sais que toute la Nature cède devant l'homme digne,
Quoique ne répondant pas avec des mots, les cieux,
  les arbres entendent sa voix — et toi aussi, ô
  soleil ;

Quant à tes douleurs effroyables, tes perturbations, tes
   percées soudaines et tes flèches de flamme gigan-
   tesques,
Je les comprends, car moi aussi je connais ces flammes
   et cès perturbations.)

Toi qui répands ta chaleur et ta lumière fructifica-
   trices,
Sur les myriades de fermes, sur les terres et les eaux
   du Nord et du Sud,
Sur le Mississipi au cours interminable, sur les plaines
   herbues du Texas, sur les forêts du Canada,
Sur tout le globe qui tourne son visage vers toi brillant
   dans l'espace,
Toi qui enveloppes tout impartialement, non seulement
   les continents, mais les mers,
Toi qui donnes en prodigue aux raisins et aux herbes
   folles et aux fleurettes des champs,
Répands-toi, répands-toi sur moi et mes poèmes, ne
   me verse qu'un rayon fugitif de tes millions de
   millions,
Traverse ces chants.

Et ne darde pas seulement pour eux ton éclat subtil
   et ta force,
Mais prépare aussi le jour avancé de mon être, — prépare mes ombres qui s'allongent,
Prépare mes nuits étoilées.

VISAGES

I

En déambulant les trottoirs ou en suivant les chemins
    dans la campagne, voyez donc, quels visages !
Visages d'amitié, de rigueur stricte, de prudence, de
    suavité, d'idéalité,
Le visage où se reflète la prescience du spirituel, l'ordi-
    naire visage de bonté, toujours bienvenu,
Le visage qui est comme un chant, les visages magni-
    fiques des avocats et des juges selon la nature,
    larges au sommet postérieur du crâne,
Ceux des chasseurs et des pêcheurs bombés aux sour-
    cils, ceux rasés et blêmes des bourgeois ortho-
    doxes,
Le visage pur, exalté, gonflé de désir, interrogateur
    de l'artiste,
Le visage de laideur d'une âme magnifique, le visage
    de beauté qu'on déteste ou qu'on méprise,
Les visages sacrés des petits enfants, le visage illuminé
    de la mère aux petits nombreux,
Le visage de l'intrigue d'amour, le visage de la véné-
    ration,
Le visage qu'on dirait d'un rêve, le visage tel qu'un
    roc immobile,
Le visage vidé de son bien et de son mal, visage émas-
    culé,
Faucon sauvage aux ailes rognées par les ciseaux,

Etalon qui a cédé à la fin aux courroies et au fer du châtreur.

Déambulant ainsi les trottoirs ou passant sur les bacs aux incessantes traversées, voici des visages, des visages, toujours des visages.
Je les vois et ne me plains pas, tous me satisfont.

2

Pensez-vous que tous ces visages me satisferaient, si je croyais qu'ils fussent à eux-mêmes leur propre fin ?

Celui-là vraiment est trop pitoyable pour être le visage d'un homme,
C'est quelque ignoble pou implorant la permission d'exister et rampant pour l'obtenir,
Quelque larve roupieuse bénissant ce qui lui permet de se glisser dans son trou.

Ce visage est un museau flaireur de chien en quête de déchets,
Des serpents gîtent en cette bouche-là, j'entends leur sifflement menaçant.

Ce visage est une brume plus glaciale que la mer arctique,
Ses bancs de glace, lorsqu'ils passent, lourds et chancelants, font un bruit pareil à un broiement.

Ce visage est plein d'herbes amères, celui-ci est un
vomitif, ils n'ont pas besoin d'étiquettes,
Et en voici d'autres évoquant les rayons de la phar-
macie, le laudanum, le caoutchouc ou l'axonge.

Ce visage est une épilepsie, sa langue, sans pouvoir
articuler, profère le cri qui n'a plus rien d'humain,
Ses veines le long du cou se gonflent, ses yeux se
révulsent au point de ne plus montrer que le blanc,
Ses dents grincent, les paumes de ses mains sont déchi-
rées par les ongles des doigts contractés,
L'homme roule à terre et se débat en écumant, bien
qu'il soit pour tous en train de spéculer raisonna-
blement.

Ce visage est rongé par la vermine et les vers,
Et celui-ci est un poignard d'assassin à moitié tiré de
sa gaine.

Ce visage est redevable au fossoyeur de son lugubre
salaire,
Une cloche des morts tinte en lui sans relâche.

3

Traits de mes égaux, vous voudriez peut-être me tromper avec votre cortège fripé et cadavérique ?
Oh ! il n'est pas en votre pouvoir de me tromper.

Je vois s'écouler votre flot circulaire, jamais effacé,
Je vois par-dessous les bords de vos masques ignobles
    et hagards.

Disloquez-vous et tortillez-vous autant que vous le vou
    drez, farfouillez avec vos museaux de poissons ou
    de rats,
Vous serez débarrassés de vos muselières, je vous dis
    que vous le serez.

J'ai vu un jour le visage de l'idiot le plus barbouillé
    et le plus baveux qu'on gardait à l'asile,
Or je savais pour ma consolation ce que les autres ne
    savaient pas,
Je savais quelles étaient les lois qui avaient vidé e
    ruiné mon frère,
Celles-ci attendent leur heure pour balayer de la
    demeure écroulée les décombres,
Et je reviendrai voir dans une vingtaine d'âge ou deux
Et je trouverai le vrai maître du logis, parfait et intact
    et valant en tous points autant que moi.

4

Le Maître avance, avance encore,
Toujours une ombre le précède, toujours s'allonge la
    main tendue qui fait avancer les traînards.

De ce visage émergent des étendards et des chevaux —
    ô splendeur ! je vois ce qui vient,

Je vois les hauts casques des sapeurs, je vois les bâtons
   des coureurs qui ouvrent un passage,
J'entends les tambours de la victoire.

Ce visage est une barque de sauvetage,
Celui-ci est le visage souverain et barbu qui ne demande
   aux autres nul avantage,
Ce visage est un fruit savoureux prêt à être dégusté,
Ce visage de jeune gars rayonnant de santé et de sin-
   cérité est un programme de tout ce qu'il y a de
   bien au monde.

Ces visages-là, qu'ils soient endormis ou éveillés, sont
   une attestation,
Ils montrent que leur lignée se rattache au Maître lui-
   même.

Du bénéfice de ce que j'ai dit je n'exclus personne —
   rouges, blancs ou noirs, tous sont des dieux en
   puissance,
En chaque demeure est le germe, il éclora après un
   millier d'années.

Des taches ou des fêlures aux fenêtres ne me troublent
   pas,
Derrière se trouvent de grandes et suffisantes choses
   qui me font des signes,
Je lis la promesse et j'attends patiemment.

Ce visage est celui d'un grand lis épanoui,

Et la fleur parle à l'homme aux hanches souples près
    des palis du jardin :
Viens, s'écrie-t-elle, viens près de moi, homme aux
    souples hanches,
Reste à mes côtés afin que je m'appuie sur toi aussi haut
    que je le pourrais,
Remplis-moi de ton miel pâle, penche-toi sur moi,
Frotte contre moi ta barbe irritante, frotte-la contre
    mon sein et mes épaules.

5

Voici le bon vieux visage de la mère aux enfants nom-
    breux,
Faites silence ! Le contentement m'inonde.

Calme et tardive s'élève la fumée du dimanche matin,
Elle plane basse dans l'air au-dessus des rangées
    d'arbres près des clôtures,
Elle plane légère près des sassafras et des merisiers, et
    des églantiers qui croissent au-dessous d'eux.

J'ai vu à une soirée les femmes opulentes en grande
    toilette,
J'ai entendu ce que chantaient depuis si longtemps les
    poètes,
J'ai appris qui avait rejailli, pourpre de jeunesse, de
    l'écume blanche et du bleu des eaux.

Voyez cette femme !

Elle regarde de sous sa coiffe de quakeresse, son visage
est plus clair et plus beau que le firmament.

Elle est assise dans un fauteuil, sous le porche ombragé
de la ferme,
Le soleil envoie justement un rayon sur sa vieille tête
blanche.

La toile de sa robe ample est de nuance crème,
Ses petits-fils ont cultivé le lin dont elle est faite et ses
petites-filles l'ont filé avec la quenouille et le
rouet.

Elle est le caractère mélodieux de la terre,
Le terme au delà duquel la philosophie ne peut aller
ni ne désire aller,
La mère justifiée des hommes.

A UNE LOCOMOTIVE EN HIVER

Je te veux pour mon chant,
Toi, telle que tu m'apparais à cet instant même, dans
la bourrasque qui s'avance, la neige, le jour
d'hiver qui décline,
Toi, avec ton armure, ta double palpitation cadencée
et ton battement convulsif,

7

Ton corps noir et cylindrique, tes cuivres brillants
  comme de l'or, ton acier brillant comme de l'ar-
  gent,
Tes lourdes barres latérales, tes bielles d'accouplement
  parallèles qui tournent et font la navette à tes
  flancs,
Ton halètement et ton grondement rythmiques, qui
  tantôt s'enflent, tantôt décroissent dans le lointain,
Ton grand réflecteur en saillie fixé à ton avant,
Tes oriflammes de vapeur qui flottent, longues et pâles,
  teintées de pourpre légère,
Tes épais nuages noirs vomis par ta cheminée,
Ton ossature bien jointe, tes ressorts et tes soupapes,
  le scintillement de tes roues qui tremblent,
Ton train de voitures derrière, qui te suivent gaiement
  obéissantes,
A travers la tempête ou le calme, tantôt rapides, tantôt
  ralenties, courant toujours et sans défaillances ;
Type du monde moderne — emblème du mouvement
  et de la puissance — pouls du continent,
Viens cette fois seconder la Muse et t'amalgamer à cette
  strophe, telle qu'ici même je te vois,
Avec la bourrasque et les coups de vent qui cherchent
  à te refouler et la neige qui tombe,
Le jour, la cloche que tu fais sonner, pour avertir,
  jetant ses notes,
La nuit, tes lanternes muettes oscillant à ton front.

Beauté à la voix féroce !

Roule à travers mon chant avec toute ta musique sau-
     vage, avec tes lanternes oscillantes la nuit,
Avec ton rire au sifflement fou qui retentit et roule
     comme un tremblement de terre, réveillant tout,
Complète est la loi de toi-même, tu suis infrangible-
     ment la voie qui est tienne,
(La douceur bonasse n'est pas tienne, ni le larmoie-
     ment des harpes ni les fadaises du piano),
Tes trilles de cris perçants, les rocs et les collines te
     les renvoient,
Tu les jettes par delà les prairies vastes, à travers les
     lacs,
Vers les cieux libres, — effrénés, joyeux et forts.

MANNAHATTA

Je demandais quelque chose de caractéristique et de
     parfait pour ma ville,
Lorsque, voyez ! le nom que lui donnèrent les abo-
     rigènes à mes yeux surgit.

Je vois à présent ce que peut contenir un nom, un
     mot liquide, sain, réfractaire, musical, hautain,
Je vois que le nom qui convient à ma cité est ce mot
     venu de jadis,
Parce que je vois ce mot appuyé dans les creux des
     baies, superbe,

Opulent, tout autour ceinturé de voiliers et de vapeurs
pressés l'un contre l'autre, je vois une île de vingt-
cinq kilomètres de long, avec le plein roc comme
base,

Les rues sans nombre avec leurs foules, les hauts végé-
taux de fer, sveltes, forts et légers, qui jaillissent
splendidement de son sol vers les cieux clairs,

Les marées qui affluent rapides et amples, les marées
tant aimées de moi, à l'heure où le soleil se couche,

Les courants marins qui s'épanchent, les petites îles,
les grandes îles avoisinantes, les hauteurs, les
villas,

Les mâts innombrables, les blancs côtiers, les allèges,
les bacs, les noirs paquebots aux formes parfaites,

Les rues du bas de la ville, les boutiques des soldeurs,
les bureaux des armateurs et des changeurs, les
rues qui bordent la Rivière,

Les immigrants qui arrivent, quinze ou vingt mille
en une semaine,

Les camions voiturant les marchandises, la mâle race
des conducteurs de chevaux, les marins au visage
halé,

L'air estival, le soleil qui brille éclatant, et les nuages
qui flottent là-haut,

Les neiges de l'hiver, les clochettes des traîneaux, les'
glaçons dans la Rivière qu'apporte le flux ou
qu'emporte le reflux,

Les ouvriers de la ville, les maîtres, aux nobles proportions, au visage magnifique, qui vous regardent
bien en face,

Les trottoirs encombrés, les voitures, Broadway, les
    femmes, les magasins et les curiosités,
Un million d'habitants, aux manières libres et fières, à
    la voix franche, accueillants — les jeunes gens les
    plus braves et les plus cordiaux,
Ville des flots précipités et écumants ! Ville des faîtes
    et des mâts !
Ville posée parmi les baies ! Ma ville !

TOUT EST VÉRITÉ

O l'homme de foi molle que je fus si longtemps,
Moi qui me suis tenu à l'écart, qui ai si longtemps
    refusé d'accepter tels détails,
Qui sais seulement aujourd'hui que la vérité est un
    tout compact et qu'elle est répandue dans tout,
Qui découvre aujourd'hui qu'il n'est pas de mensonge
    ni de forme de mensonge, et qu'il ne peut y en
    avoir, qui ne se développe de lui-même aussi
    fatalement que la vérité d'elle-même,
Ou qu'aucune loi de la terre ou qu'aucun produit natu-
    rel de la terre ne se développe.

(Chose singulière, que peut-être on ne peut comprendre
    immédiatement, mais qu'il faut comprendre,
Je sens moi-même que je représente les mensonges
    tout autant que le reste,
Et que l'univers les représente.)

Où donc un résultat parfait a-t-il manqué, sans souci
  des mensonges comme des vérités ?
Est-ce sur la terre ou dans l'eau ou dans le feu ? Est-ce
  dans l'esprit de l'homme ? Ou dans la chair et le
  sang ?

En méditant parmi les menteurs et en me réfugiant
  austèrement en moi-même, je vois qu'en réalité
  il n'y a pas de menteurs ni de mensonges après
  tout,
Et que rien ne manque de produire son résultat parfait, et que ce qu'on appelle des mensonges sont
  des résultats parfaits,
Et que chaque chose représente exactement elle-même
  et ce qui l'a précédée,
Et que la vérité comprend tout et qu'elle est tout, aussi
  compacte que l'espace est compact,
Et qu'il n'y a ni une paille ni un vide dans la somme
  de la vérité, mais que tout est vérité sans exception;
Et je m'en irai désormais célébrer toute chose que je
  verrai ou serai,
Et chanter et rire, sans rien renier.

EXCELSIOR

Quel est celui qui est allé le plus loin ? Car je voudrais
  aller plus loin,
Et quel est celui qui a été le plus juste ? Car je voudrais
  être l'homme le plus juste de la terre,

Et quel est celui qui a été le plus prudent ? Car je voudrais être le plus prudent,

Et quel est celui qui a été le plus heureux ? O je crois
que c'est moi — je crois que personne n'a jamais
été plus heureux que moi,

Et quel est celui qui a tout prodigué ? Car je prodigue
sans cesse ce que j'ai de plus précieux,

Et lequel, le plus fier ? Car je crois que j'ai lieu d'être
le plus fier fils vivant — car je suis le fils d'une
cité où les muscles sont fermes et où les maisons
dardent leurs faîtes altiers,

Et lequel, hardi et loyal ? Car je voudrais être le vivant
le plus hardi et le plus loyal de l'univers,

Et lequel, bienveillant ? Car je voudrais montrer plus
de bienveillance que tous les autres,

Et quel est celui qui a éprouvé l'affection du plus grand
nombre d'amis ? Car je sais ce que c'est que
d'éprouver l'affection passionnée d'amis nombreux,

Et quel est celui qui possède un corps parfait et énamouré ? Car je ne crois pas que quelqu'un possède un corps plus parfait et plus énamouré que
le mien,

Et quel est celui qui pense les plus vastes pensées ? Car
je voudrais embrasser ces pensées,

Et quel est celui qui a fait des hymnes à la mesure de
la terre ? Car un désir fou me possède jusqu'à
l'extase dévorante de faire des hymnes de joie pour
la terre entière.

PENSÉES

Je songe à l'opinion publique,
Au commandement tôt ou tard prononcé d'une voix
calme et froide, (combien impassible ! combien
sûr et final !)
Au Président, le visage pâle, se demandant en secret :
Que dira le peuple à la fin ?
Aux Juges frivoles, aux Parlementaires, aux Gouverneurs, aux Maires corrompus — à tous ces gens
se voyant un jour impuissants et à découvert,
Aux prêtres marmonnant et pleurnichant, (bientôt,
bientôt abandonnés de tous),
Au déclin, d'une année à l'autre, du respect religieux,
et des sentences émanées des fonctionnaires, des
codes, des écoles,
A la montée toujours plus haute et plus forte et plus
large des intuitions des hommes et des femmes,
à la montée du sentiment de la haute Estime de
Soi-même et de la Personnalité ;
Je songe au vrai Nouveau Monde — aux Démocraties
resplendissantes dans leur totalité,
A la politique, aux armées, aux marines se conformant
à elles,
A leur rayonnement solaire — à leur lumière inhé-
rente, supérieure à toutes les autres,
A l'enveloppement de toute chose par elles, d'où toute
chose émanera.

INTERMÉDIAIRES

Ils surgiront en ces Etats,
Ils traduiront la Nature, les lois, la vie du corps et le
bonheur,
Ils illustreront la Démocratie et le Cosmos,
Ils absorberont les nourritures, ils aimeront, ils rece-
vront l'impression des choses,
Ils seront des femmes et des hommes complets, ils
seront souples et musclés dans leur attitude, l'eau
sera leur breuvage, pur et limpide sera leur sang,
Ils aimeront immensément les matérialités et la vue
des produits, ils aimeront à voir les quartiers de
bœuf, le bois de construction, les farines de Chicago, la grande cité,
Ils s'entraîneront à paraître en public pour devenir
des orateurs et des oratrices,
Fortes et douces seront leurs paroles, des poèmes et
des matériaux de poèmes découleront de leurs
vies, ils seront des créateurs et des découvreurs,
D'eux et de leurs ouvrages sortiront de divins mes-
sagers pour communiquer des évangiles,
Les personnes, les événements, les souvenirs seront
communiqués en des évangiles, les arbres, les animaux, les eaux le seront également,
La mort, l'avenir, la foi invisible, tout sera commu-
niqué.

ESPRIT QUI AS FAÇONNÉ CETTE NATURE

(Ecrit à Platte Cañon, Colorado)

Esprit qui as façonné cette nature,
Ces farouches et rouges entassements de rocs éboulés
Ces pics téméraires aspirant à escalader le ciel,
Ces gorges, ces ruisseaux clairs et turbulents, cette
    fraîcheur nue,
Cette ordonnance barbare et chaotique, dictée par de
    raisons qui sont en elle,
Je te connais, esprit sauvage — nous avons intime
    ment conversé ensemble,
Car en moi aussi apparaît cette même ordonnance bar
    bare, dictée par des raisons qui sont en elle ;
N'a-t-on pas porté contre mes poèmes l'accusation qu'ils
    avaient négligé l'art ?
Qu'ils ne s'étaient pas souciés de fondre en eux-mêmes
    ses règles précises et sa délicatesse ?
Qu'ils avaient oublié la cadence des lyriques, la grâce
    du temple ouvragé à l'infini, avec ses colonnes
    et ses arceaux polis ?
Mais toi qui te révèles ici — esprit qui as façonné cette
    nature,
Mes chants ne t'ont pas oublié.

AU SOLEIL COUCHANT

Splendeur du jour qui s'achève, splendeur qui me
    porte et m'emplit,
Heure prophétique, heure ressuscitant le passé,
Moment qui m'enfle la gorge, pour que toi, divine
    moyenne,
Vous, terre et vie, jusqu'à ce que le dernier rayon luise,
    je vous chante.

La bouche entr'ouverte de mon âme publie le bon-
    heur,
Les yeux de mon âme contemplent la perfection,
La vie naturelle de mon être loue fidèlement les choses,
Confirme à jamais le triomphe des choses.

Glorieuse est toute existence !
Glorieux ce que nous nommons l'espace, sphère hantée
    par des esprits sans nombre,
Glorieux le mystère du mouvement chez les êtres,
    même chez le plus chétif insecte,
Glorieux l'attribut de la parole, les sens et le corps,
Glorieuse la lumière qui passe en cet instant — glo-
    rieux le pâle reflet qu'elle jette sur la nouvelle
    lune dans l'ouest du ciel,
Glorieux tout ce que je vois, entends ou touche, jus-
    qu'à la dernière chose.

Le bien est dans tout,
Dans le contentement et l'équilibre des animaux,
Dans le retour annuel des saisons,
Dans la jovialité de la jeunesse,
Dans la force et l'ardeur épanouie de l'âge viril,
Dans la grandeur et l'exquise perfection de la vieillesse,
Dans les perspectives magnifiques de la mort.

L'émerveillement de partir !
L'émerveillement d'être ici !
Lancer du cœur le sang commun à tous et innocent !
Aspirer l'air, combien délicieux !
Parler — marcher — prendre quelque chose avec la
  main !
Me disposer à dormir, à me coucher, et regarder ma
  chair rosée !
Avoir le sentiment de mon corps, si heureux, si ample!
Etre cet incroyable Dieu que je suis !
Etre allé parmi d'autres Dieux, ces hommes et ces
  femmes que j'affectionne.

L'émerveillement de voir comme je profère la louange
  exaltée de vous et de moi-même !
Comme mes pensées jouent subtilement en face des
  spectacles qui m'environnent !
Comme les nuages passent silencieusement au-dessus
  de ma tête !
Comme la terre précipite sa course toujours et toujours!
Comme l'eau joue et chante ! (elle est sûrement douée
  de vie !)

Comme les arbres s'élèvent et se tiennent droits, avec
leurs troncs vigoureux, avec leurs branches et
leurs feuilles !
(Il y a certainement quelque chose de plus dans chaque
arbre, quelque âme vivante.)

O prodige des choses — jusqu'à la plus petite parcelle!
O spiritualité des choses !
O accents, ô musique qui flottent à travers tous les
âges et les continents et nous parviennent aujour-
d'hui, à moi et à l'Amérique !
Je m'empare de vos accords puissants, les diversifie,
puis joyeusement les passe à ceux qui sont en
avant.

Moi aussi je chante des cantiques au soleil, lorsqu'il
s'annonce ou qu'il est midi, ou qu'il se couche,
comme à cette heure,
Moi aussi je sens mes pulsations répondre au cerveau
et à la beauté de la terre et à tout ce qui croît sur
la terre,
Moi aussi j'ai entendu l'appel irrésistible de moi-même.

J'ai descendu le Mississipi sur un vapeur,
J'ai vagué par les prairies,
J'ai vécu, j'ai regardé par les fenêtres de mes yeux,
J'ai marché dans le matin, j'ai regardé la lumière
poindre à l'orient,
Je me suis baigné sur la plage de la mer du Levant,
puis sur la plage de la mer du Ponant,

J'ai flâné dans les rues de Chicago, la cité de l'intérieur
  et en quelque rue que j'aie porté mes pas,
Que ce soit dans les villes ou les bois silencieux, ou
  même au milieu des spectacles de la guerre,
Partout où j'ai été, je me suis saturé de contentement
  et de triomphe.

Je chante jusqu'au bout les égalités, les modernes ou
  les anciennes,
Je chante les fins éternelles des choses,
Je dis que la Nature est continue, que la gloire est
  continue,
J'élève ma louange d'une voie électrique,
Car je ne découvre pas une seule imperfection dans
  l'univers,
Et je ne découvre pas une seule cause ni un seul résultat qui soit à déplorer en fin de compte dans l'univers.

O soleil couchant ! Quoique l'heure soit venue,
Je module encore sous toi, si nul autre ne te chante,
  mon hymne d'adoration sans mélange.

AU MOMENT OU ILS TIRENT A LEUR FIN

Au moment où ils tirent à leur fin,
Je songe à ce que renferment, en leurs dessous, les
    poèmes qui précèdent — à ce à quoi j'ai visé en
    eux,
A la graine que j'ai cherché à planter en eux,
A la joie, la joie délicieuse, qu'à travers maintes années
    j'ai mise en eux,
(C'est pour eux, oui, pour eux que j'ai vécu, c'est en
    eux que ma tâche est accomplie),
Je songe à maintes aspirations chéries, à maints rêves
    et projets :
A travers l'Espace et le Temps fondus en un chant, à
    travers l'identité éternelle s'écoulant comme un
    flot,
A la Nature qui, dans sa circonférence, les embrasse,
    qui embrasse Dieu, au tout joyeux, électrique,
A la compréhension de la Mort, et à l'acceptation exul-
    tante de la Mort à son tour autant que de la vie,
De chanter l'accession de l'homme ;
De vous unir, vous, existences diverses et séparées,
D'établir la concordance des montagnes et des rocs et
    des eaux,
Et des vents du septentrion et des forêts de chêne et de
    sapin,
Avec toi, ô âme.

ADIEU !

Pour conclure, j'annonce ce qui viendra après moi.

Je me rappelle ce que j'ai dit avant que mes feuilles ne
    jaillissent,
Que je voulais élever ma voix joyeuse et forte par rap-
    port aux fins.

Quand l'Amérique fera ce qui a été promis,
Quand à travers ces Etats marcheront cent millions
    de superbes individus,
Quand les autres s'ouvriront pour donner naissance
    à des individus superbes et y collaborer,
Quand des rejetons sortis des mères les plus accom-
    plies caractériseront l'Amérique,
Alors pour moi et mes poèmes sera réalisée notre
    attente, comme elle le doit.

J'ai poussé en avant de mon propre chef,
J'ai chanté le corps et l'âme, j'ai chanté la guerre et
    la paix, et les hymnes de la vie et de la mort,
Et les hymnes de la naissance, et j'ai montré que mul-
    tiples étaient les naissances.

J'ai proposé mon style à chacun, j'ai pérégriné d'un
    pas confiant ;
Pendant que mon plaisir est encore à son plein, je
    murmure : *Adieu !*

Et prends la main de la jeune femme et la main du
jeune homme pour la dernière fois.

J'annonce des êtres de la nature qui se lèveront,
J'annonce le triomphe de la justice,
J'annonce une liberté et une égalité sans restriction,
J'annonce la justification de la candeur et la justifi-
cation de la fierté.

J'annonce que l'identité de ces Etats n'est qu'une seule
et unique identité,
J'annonce une Union de plus en plus compacte et indissoluble,
J'annonce des splendeurs et des majestés de nature
à rendre insignifiante toute la politique antérieure
de la terre.

J'annonce l'affection virile, je déclare qu'elle sera illi-
mitée, affranchie de tous liens,
Je dis que vous trouverez encore l'ami que vous cher-
chiez.

J'annonce un homme ou une femme à venir, peut-être
êtes-vous celui-là, (*Adieu !*)
J'annonce le grand individu, fluide comme la Nature,
chaste, aimant, compatissant, armé de pied en cap.

J'annonce une vie qui sera copieuse, véhémente, spirituelle, hardie,
J'annonce une fin qui, d'un cœur léger et allègre,
accueillera son transfert.

8

J'annonce des myriades de jeunes gens, superbes,
   géants, au sang pur,
J'annonce une race de splendides et sauvages vieillards.

O comme tout cela accourt, serré et rapide — (*Adieu !*)
O comme tout cela m'entoure et me presse à m'étouffer,
Je vois trop de choses à prédire, l'avenir signifie davan-
   tage que je ne croyais,
Il me semble que je vais mourir.

Hâte-toi, mon gosier, de faire entendre tes derniers sons,
Salue-moi — salue encore une fois les jours. Pousse
   encore une fois l'antique clameur.

Je jette mon cri électrique, je mets à contribution
   l'atmosphère,
Je lance un coup d'œil au hasard, au fur et à mesure
   que je remarque chacun, je l'absorbe en moi,
Je vais d'une allure rapide, mais je m'arrête un petit
   moment,
Je remets de curieux messages enveloppés,
Je laisse tomber dans la poussière, comme une semence
   éthérée, des étincelles brûlantes,
Je m'ignore, j'obéis à l'ordre reçu sans me hasarder
   jamais à le discuter,
Je laisse aux âges et à d'autres après eux la germina-
   tion de la semence,
Aux troupes venues de la guerre qui surgira — et c'est
   eux qui promulgueront les tâches que j'ai assi-
   gnées,

Je lègue aux femmes certains murmures de moi-même,
    et leur affection m'expliquera plus clairement,
Aux jeunes hommes j'offre mes problèmes — je ne suis
    pas un auteur badin — j'éprouve les muscles de
    leur cerveau ;
Et c'est ainsi que je passe, faisant entendre un peu de
    temps ma voix, visible, paradoxal ;
Après cela je ne serai plus qu'un écho mélodieux, que
    pour saisir on se penchera ardemment, (la mort
    m'aura rendu réellement immortel),
Le meilleur de moi apparaîtra alors que je ne serai plus
    visible, car c'est en vue de ce futur que je me suis
    préparé sans relâche.

Que me reste-t-il donc à dire, que je suis là à m'attar-
    der et à pauser et à me courber en m'allongeant
    vers vous sans pouvoir clore ma bouche ?
Est-ce là un seul mot d'adieu final ?

Mes chants s'arrêtent, je les abandonne,
De derrière l'écran où je me cachais, je m'avance en
    personne et vers vous uniquement.

Camarade, ceci n'est pas un livre :
Celui qui touche ce livre touche un homme,
(Fait-il nuit ? Sommes-nous bien seuls ici tous les
    deux ?)
C'est moi que vous tenez et qui vous tiens,
D'entre les pages je jaillis dans vos bras — la mort
    me fait surgir.

O comme vos doigts m'assoupissent,
Votre souffle tombe autour de moi comme une rosée,
    votre pouls est comme une berceuse au tympan
    de mes oreilles,
Je me sens immergé de la tête aux pieds,
Cela est délicieux — c'est assez.

Assez, ô acte spontané et secret,
Assez, ô présent qui fuit — assez, ô passé revécu.

Ami cher, qui que vous soyez, recevez ce baiser,
C'est à vous spécialement que je le donne, ne m'ou-
    bliez pas ;
Je me sens comme quelqu'un qui, sa journée finie,
    va pour se retirer un moment,
Je subis de nouveau à cette heure l'un de mes nom-
    breux transferts, je monte les degrés de mes ava-
    tars, alors que d'autres sans nul doute m'attendent;
Une sphère inconnue, plus réelle que je ne l'avais
    rêvée, plus directe, darde ses rayons d'éveil sur
    moi, — *Adieu !*
Souvenez-vous de mes paroles, il se peut que je
    revienne encore,
Je vous chéris, je m'éloigne de la matière,
Je suis comme un être désincarné, triomphant, mort.

HAUTAINES TES LÈVRES, RAUQUE TA VOIX, O MER

Hautaines tes lèvres, rauque ta voix, ô mer, qui te
  confies à moi !
Jour et nuit je parcours ta plage battue par les vagues,
Représentant à mon esprit tes suggestions étranges,
  variées,
(Car ici je te vois et t'entends clairement bavarder et
  confabuler),
Tes troupes de coursiers à la crinière blanche galopant
  vers le but de leur course,
Ton visage ample et souriant, éclaboussé par le soleil
  qui le marque de fossettes scintillantes,
Ta méditation farouche et sombre — tes ouragans
  déchaînés,
Ton insoumission, tes caprices, ton entêtement ;
Grande comme tu l'es, d'une grandeur qui t'élèves
  au-dessus de tout le reste, tu as tes larmes abon-
  dantes — il est quelque chose qui, de toute éternité, manque à ton contentement,
(Il a fallu les plus énormes luttes, injustices, défaites,
  pour faire de toi la plus grande — il n'a pas fallu
  moins),
Tu es esseulée — il est quelque chose que tu cherches
  toujours, toujours à atteindre, et que tu n'atteins
  jamais,
Sûrement quelque droit te fut dénié — il y a, dans ta

fureur colossale et monotone, la voix d'un libertaire enfermé,
Un vaste cœur, comme celui d'une planète, s'irrite d'être enchaîné et se débat parmi ces lames ;
Et par cette houle qui s'allonge et ce spasme et ce souffle haletant,
Ce grattement rythmique de tes sables et de tes vagues,
Ces sifflements de serpent et ces sauvages éclats de rire,
Et ces murmures comme un rugissement de lion dans le lointain,
(Qui retentissent, jettent leur appel à la sourde oreille des cieux, mais qui à cette heure se trouvent en correspondance,
Car un fantôme dans la nuit est cette fois ton confident),
La confession première et ultime du globe,
S'enfle et déborde, murmure du fond des abîmes de ton âme,
Et c'est l'histoire de la passion cosmique élémentaire,
Que tu racontes à une âme parente.

REMERCIEMENTS DANS MA VIEILLESSE

Des remerciements dans ma vieillesse — des remerciements avant que je m'en aille,
Pour la santé, le soleil de midi, l'air impalpable — pour la vie et rien autre,

Pour les précieux souvenirs qui toujours me hantent,
(souvenirs de vous, ma mère chérie — de vous,
mon père, de vous, frères, sœurs, amis),

Pour tous les jours de mon existence — non seulement
les jours de paix — les jours de guerre pareillement,

Pour les douces paroles, les marques d'affection, les
présents venus de pays étrangers,

Pour l'abri, le pain et la viande — pour les suaves
témoignages d'appréciation,

(Vous, lecteurs bien-aimés — lointains, inconnus, per-
dus dans l'ombre — jeunes ou vieux — lecteurs
innombrables, non spécifiés,

Nous ne nous sommes jamais vus et nous ne nous ver-
rons jamais, — et pourtant nos âmes longuement
s'étreignent, étroitement et longuement) ;

Des remerciements pour les êtres, les groupes, l'affection, les actes, les paroles, les livres — pour les
couleurs et les formes,

Pour tous les hommes vigoureux et braves — les
hommes dévoués et audacieux — ceux qui ont
bondi au secours de la liberté dans tous les siècles
et dans tous les pays,

Pour d'autres hommes, plus vigoureux encore, plus
braves, plus dévoués — (des lauriers spéciaux,
avant que je disparaisse, aux élus des batailles de
la vie,

Les canonniers de la poésie et de la pensée — les grands
artilleurs — la tête de l'avant-garde, les capitaines
de l'âme) ;

Et comme un soldat revenu d'une guerre terminée —
   comme un voyageur parmi des myriades d'autres
   voyageurs, je dis à la longue procession passée :
Merci — joyeux merci ! — le merci d'un soldat, d'un
   voyageur.

VOUS N'ÊTES PAS, O MES CHANTS, QUE DE MAIGRES RAMEAUX

Vous n'êtes pas, ô mes chants, que de maigres rameaux
   où la vie subsiste, latente, (chants écailleux et
   nus, comme des serres d'aigle),
Mais peut-être bien qu'en quelque jour de soleil (qui
   sait ?), en quelque printemps futur, en quelque
   été, vous éclaterez,
Vous vous couvrirez de feuilles verdoyantes, vous ver-
   serez une ombre où l'on s'abritera — vous donne-
   rez des fruits nourrissants,
Des pommes et des raisins — et les branches d'arbre
   sortiront vigoureuses — dans le plein air, libre
   et pur,
Et l'amour et la foi s'épanouiront, telles des roses parfumées.

APRÈS LE SOUPER ET LA CAUSERIE

Après le souper et la causerie — après la journée
finie,
Me voici comme un ami qui prolonge le moment où il
lui faut quitter pour la dernière fois ses amis,
Qui dit Adieu et encore Adieu de ses lèvres émues,
(Il est si dur pour sa main de lâcher ces mains — jamais
plus ils ne se reverront,
Jamais plus pour communier dans la douleur et la
joie, jeunes et vieux,
Un immense voyage l'attend, d'où il ne reviendra plus),
Qui fuit, qui recule l'instant de la séparation — qui
cherche à différer si peu que ce soit le dernier
mot,
Qui, même à la porte de la rue, se retourne — revient
sur des recommandations superflues — qui, même
lorsqu'il descend les marches du perron,
Cherche quelque chose pour allonger d'une minute
son adieu — tandis que les ombres du soir s'épais-
sissent,
Que les adieux, les mots échangés diminuent — et que
le visage et la silhouette du partant de plus en plus
se fondent,
Pour bientôt se perdre à jamais dans la nuit — du
partant à qui il en coûte, ô tellement ! de s'en
aller,
Qui bavarde jusqu'au suprême instant.

A LA BRISE DU COUCHANT

Ah ! tu m'apportes quelque chose encore, chucho-
   teuse, invisible,
En ce jour fiévreux où, tard, tu entres par ma fenêtre,
   par ma porte,
Toi qui viens tout baigner, adoucir, qui viens rafraî-
   chir, tendrement revivifier
L'homme vieux, solitaire, malade, débile, fondu de
   sueur que je suis ;
Toi qui contre moi te serres, qui m'enveloppes étroitement d'une étreinte ferme et cependant molle, tu
   es une compagne meilleure que la causerie, les
   livres ou l'art,
(Tu as, ô Nature ! vous avez, ô éléments ! un langage
   qui me va au cœur plus que tous les autres — et
   ceci en fait partie),
Si suave est ton goût primitif que j'aspire au dedans
   de moi — si doux tes doigts balsamiques sur mon
   visage et mes mains,
Toi, magique messagère, tu apportes des réconforts
   étranges à mon corps et à mon esprit,
(Les distances sont vaincues — d'occultes remèdes me
   pénètrent de la tête aux pieds),
Je sens, comme s'ils me touchaient, le ciel, les prairies
   vastes — je sens les grands lacs du Nord,
Je sens l'océan et la forêt — je sens en quelque sorte le
   globe lui-même glissant rapide dans l'espace ;

Toi, soufflée de lèvres chéries de moi, à présent dispa-
    rues — peut-être d'une réserve sans fin, toi,
    que Dieu m'envoie,
(Car tu es spirituelle, Divine, surtout perçue par mon
    sens),
Ministre qui viens prononcer pour moi, ici et à cette
    heure, ce que les mots n'ont jamais pu dire et ne
    peuvent dire,
N'es-tu pas l'essence de l'universel concret? le suprême
    raffinement de la Loi, de toute Harmonie des
    astres ?
N'as-tu pas une âme ? Ne puis-je te connaître, t'iden-
    tifier ?

L'ORDINAIRE

Je chante l'ordinaire ;
Comme peu dispendieuse est la santé ! comme peu
    dispendieuse est la noblesse !
La sobriété, ni mensonge, ni voracité, ni convoitise ;
Je chante le plein air, la liberté, la tolérance,
(Recevez ici la leçon capitale — cherchez-la moins dans
    les livres — moins dans les écoles),
Le jour et la nuit communs à tous — la terre et l'eau
    communes à tous,
Votre ferme — votre ouvrage, votre métier, votre em-
    ploi,
La sagesse démocratique en-dessous, comme un terrain
    solide pour tous.

TABLE

Lightning Source UK Ltd.
Milton Keynes UK
UKHW050217211121
394284UK00014B/157